In Defens

T.

保卫住房
危机的政治学

[英] 戴维·马登　[美] 彼得·马库塞　著
周明明　韩筱　李玉婷　译
周小进　校

上海教育出版社
SHANGHAI EDUCATIONAL
PUBLISHING HOUSE

目 录 │ Contents

引言　住房就是政治

如今,住房危机随处可见。住户饱受高昂居住成本的压榨。无 1
家可归的人不断增加。驱逐和房屋止赎的现象已是常态。种族隔
离、贫困、被迫搬迁和无力承担房费,已成为当今城市的特点。城乡
各居民社区均受投机性房产开发的影响,而做出重大决策的却是隔
着半个地球之外的董事们。小城镇和老工业城市举步维艰。

在美国,纽约的住房危机尤为严重。现如今,纽约市无家可归的
居民数量达到了大萧条以来之最。超过一半的住户无力支付房屋租
金。逼迁、绅士化*和驱逐的现象普遍存在。[1]纽约独特的住房体系的
两大支柱——公共住房和租金管制——也都面临着威胁。 2

但是住房问题并不是只有纽约才有。住房困难是一个全美国的
问题。[2]根据衡量廉价性的标准指标,一个领最低工资的全职工作者,
在美国任何一个州都租不起或者买不起一套一居室住房。就整个美
国而言,有将近一半的租户要将其收入的相当一部分用在支付租金
上,这种做法是无法长期持续的,而这一人群的比重只会继续增加。

---

* 绅士化(gentrification),指城市低收入人群居住的区域经改建而转变成中产阶
层或高收入人群居住区域的过程,在这个过程中,低收入者不断迁出。又译为中产阶
层化、士绅化、缙绅化。——编者注

这不仅仅是一个存在于大城市的问题。在农村,大约30%的住户同样无力负担其房费,其中近一半为租户。[3]

3　　　事实上,住房危机是一场全球范围的危机。几乎所有的大城市,包括伦敦、圣保罗、孟买和拉各斯,都面临着住房之战。土地侵占、强制驱逐和搬迁的现象比比皆是。根据联合国的资料,全球无家可归的人口数量在1亿到10亿之间,具体数目取决于如何定义"无家可归"。据估计,目前在全球范围内,有3.3亿家庭(总计超过10亿人口)没有体面的住房或无力支付居住费用。[4]部分研究表明,近几十年来,因开发、开采和建设项目所造成的搬迁,与灾害和武装冲突所引发的搬迁在规模上不相上下。据估计,过去50年里,仅在中国和印度,就有1亿人因开发项目而搬迁。[5]

4　　　不过,即使我们普遍认识到住房危机的存在,也不会深入了解危机为什么会发生,更不知道应该如何应对。如今的主流观点是,如果住房体系出现问题,这也只是一场暂时性的危机,只要采取局部的、针对性的措施,问题就可以解决。在主流的讨论中,大部分人常常狭隘地理解住房问题。人们将提供适足的住房看作技术性问题,并试图用技术手段来解决这些问题,如提高施工技术、优化城市规划、更新管理技术、增加自有住房、制定不同的分区法以及减少用地管控。人们将住房问题看作开发商、建筑师或者经济学家等专业人士领域内的问题。毫无疑问,从技术上改进住房体系是可行的,并且部分改进是很有必要的,但住房危机是更深层次上的危机。

　　　我们主张从一个更广的角度来认识住房问题,即将其看作一个政治经济问题。住房就是政治,也就是说,住房体系的形成是不同群体、不同阶级之间斗争的结果。住房问题必然会涉及国家行为,甚至波及整个经济体制。但社会对抗对住房的影响常常被模糊化,本书要向读者展示的正是这一点。

住房如今饱受争议。它被卷入了一系列并存的社会矛盾中。其中最明显的一个矛盾是,作为生活及社交空间的住房与作为牟利工具的住房之间的矛盾,即作为家的住房与作为不动产的住房之间的矛盾。进一步来说,住房之争就是不同意识形态、经济利益和政治目标之间的争斗。更进一步来讲,住房危机产生的根源是阶级社会的不公与对抗。

本书中所举的很多例子都来自我们所熟知的纽约市住房斗争。[6] 但是我们的目标更大,我们要讨论的是住房在当代社会、政治和经济中所扮演的角色。住房问题必然会引发资本主义社会中的权力、不平等、公正等相关问题。因此,本书的一个主要内容是帮助重拾一种话语,借此了解住房矛盾,并揭示住房不公。我们希望将讨论的焦点重新放到政治经济领域上,如商品化、异化、剥削、压迫和解放等问题上。我们希望对过去及现在住房体系背后的影响因素和决定力量进行批判性的理解。

重提住房问题

1872 年,弗里德里希·恩格斯(Friedrich Engels)从政治经济角度对住房问题进行了最为经典的论述。当时工业无产阶级的居住条件令人无法忍受,但那时几乎没有人对此提出异议。工人阶级的居住条件为什么如此差,又可以采取什么措施进行改善?这就是恩格斯所说的"住房问题"(the housing question)。[7]

单就住房斗争本身来说,恩格斯对其前景总体上持消极态度。

恩格斯批判了资产阶级的住房改革,他认为,住房问题应当理解为"从现代资本主义生产方式中产生出来的无数比较小的、次要的祸害之一"中的一部分。[8]他总结道:"当资本主义生产方式还存在的时候,企图单独解决住房问题或其他同工人命运有关的社会问题都是愚蠢的。"[9]在恩格斯看来,住房斗争是阶级斗争的衍生物,因而,住房问题只能通过社会革命加以解决。

恩格斯认为,住房问题存在于阶级社会的内部结构之中。我们承袭了恩格斯这一论断。今天,我们提出住房问题就意味着揭示社会权力与个人居住体验之间的关联。这就意味着追问:住房是为了谁?为了什么?住房是谁所控制?谁因此获得权力?谁又因此而受到压迫?这也意味着追问:在全球化的新自由资本主义制度方向下,住房的功能是什么?[10]

然而,今天的住房斗争并不只是其他冲突的衍生物。各种住房运动本身也是重要的政治力量。在资本主义制度下,住房问题也许无法得到解决,但是在住房体系的形成方面人们还可以采取行动,对其进行修正和改变。

7   社会理论家亨利·列斐伏尔(Henri Lefebvre)可以帮助我们了解住房扮演着怎样的政治角色,以及改变这一角色的可能性。在1968年出版的《城市权利》(*The Right to the City*)中,列斐伏尔提出,工业暴动并不是推动社会转型的唯一动力。所谓的"城市战略"(urban strategy)也可以实现社会的彻底变革。[11]考虑到工作和城市发展的性质已经改变,工业无产阶级也就不再是推动变革的唯一力量,甚至不再是主导力量。列斐伏尔认为,一个新的政治主体已经出现,即城市居民。总的来说,列斐伏尔引用了"居民"这一政治观点。

这一范畴采用的是日常社会生活及居住体验的视角,包括了最广义上的所有工人。[12]

作为政治主体,居民通过城市变革究竟能达到怎样的目标,列斐伏尔并没有详细说明。但是他确实提出了一种不同的居住方式。在列斐伏尔设想的未来世界里,社会需求不再服从于经济需求,人们普遍拥有安定的居住空间,平等和差异成为社会生活和政治生活的基本原则。[13]

无论列斐伏尔所提出的城市变革是否会发生,我们都可以借助他的理论来了解如下基本观点:住房政治涉及更大范围内的政治力量及利益群体。而这一点,主流讨论及恩格斯的传统政治经济分析都没有充分认识到。根据传统的论述,与剥削和价值相关的冲突才是重要的。但是统治阶级也需要巩固其统治,而维持剥削能力只是其中一个方面,对住房条件产生重要影响的,还有政治、社会及意识形态等。

伴随着全球经济金融化——这一现象在列斐伏尔写作时才刚开始出现——不动产已经在工业资本中有了新的重要作用。住房和城市发展如今并非次要现象,而已成为推动当代全球资本主义发展的重要过程。如果列斐伏尔的观点是正确的,那么住房正在其体系的延伸中发挥着前所未有的重要作用——这一转变可能会带来新的战略机遇,通过住房运动催生社会变革。

谁 的 危 机?

批判者、革命者和活动家使用"住房危机"(housing crisis)一词已长达一百多年。2008年全球经济崩溃后,"住房危机"再一次成为热门词汇。但是,我们需要谨慎使用"危机"这一概念。

"危机"这一说法暗含住房紧张或房价过高的现象是反常的,是暂时偏离了住房市场正常运转标准的。但对于工人阶级和贫民社区来说,住房危机是常态。[14]纵观历史,住房紧张已成为被统治人群的一大标志。这正是恩格斯的观点:

> 目前引起报刊极大注意的所谓住宅缺乏现象,并不是说工人阶级一般总是住在恶劣的、拥挤的、不卫生的住宅中。这种住宅缺乏不是现代特有的现象,它甚至也不是现代无产阶级遭受的一种和以前一切被压迫阶级的痛苦不同的特有的痛苦。相反,它几乎是同等地伤害到一切时代的一切被压迫阶级。[15]

对于受压迫者来说,住房问题一直处于危机中。但"住房危机"一词再次出现在新闻头条中,指的是中产阶级房主和投资者的遭遇。自 2008 年金融危机之后,他们遭遇了未曾料想的住房问题。

住房危机这一说法带有政治色彩。虽然在批判理论和激进行为中,危机的概念由来已久,但它也可以用来实现其他目的。在美国,有关住房危机的话语常常用来批判政府对住房市场的"干预"。在英国,人们常常利用危机的说法来支持授予开发商新的法律权利,使其不受地方规划准则的约束。

严峻的住房危机偶有发生,人们倾向于将其解释为例外情况,而住房体系的运转根本上是良好的。但这是一种意识形态的扭曲。住房领域的危机不过是反映并放大了资本主义社会更大范围内的危险趋向。资本主义式的空间开发有一个基本特征,那就是住房的建造和分配不是为了给所有人提供住所,而是作为商品让少数人从中牟利。住房危机便是其反复出现且不可避免的后果。住房危机不是体系崩溃的产物,恰恰相反,它是体系按其既定目的正常运行的产物。[16]

我们不应当对住房危机做意识形态上的解读,但是"住房危机" 11 这一词仍然是有用的。对于那些被迫住在压迫环境中,随时可能失去其房屋的人来说,住房危机并不是一种空洞的说法,而是他们每天都要面对的现实。对于成千上万的住户来说,"危机"一词准确描绘出了其遭受的混乱、恐惧和无力。他们的住房状况的确称得上岌岌可危。

我们的目标不是解决某个暂时性的危机,然后回归常态。我们要用"危机"这个概念来强调当代的住房体系从根本上来讲是不可持续的。我们要指出,在当今资本主义制度下,住房中存在危机倾向,希望人们注意到这些问题的急迫性和系统性。

保 卫 住 房

当前的住房体系在许多方面都站不住脚,我们并不希望保卫这一体系。我们需要保卫的是作为家的住房,而不是作为不动产的住房。住房应当是一种所有人都能获得的资源,我们有意保卫这一资源。

对不同的群体来说,住房意味着不同的东西。对于住户而言,住房就是家,也是进行社会再生产的场所。住房是很多人最大的经济负担,也是另一些人财富、地位、利润和权力的来源。对于那些建造、管理和养护房屋的人而言,住房意味着工作。对于那些买卖房屋的人而言,住房意味着投机性利润。对于投资者而言,住房意味着收入。住房是国家赋税收入和税收支出的源头,是城市结构与功能的关键。

我们关注的是那些居住和使用住房的人。对于他们来说,住房提供的是使用价值而不是交换价值。从居住者的角度出发,住房提供了社会、文化、政治价值等一系列可能性。住房是所有人的生活必需品,在一定程度上甚至算得上是人类身体的延伸。没有住房,人们就无法参与大部分的社会、政治、经济生活。住房不仅仅是遮风挡雨的场所,它还能保障人身安全,提供本体安全感。尽管居住环境可能成为压迫和不公的场所,但同样也是一个人行为方式、文化身份、个性以及创造力的潜在保证。

人们一直认为,住房的建造形式是社会组织有形、可视的反映。住房揭示了现存的阶级结构和权力关系。但是,长久以来,住房也是构想其他社会秩序的手段。所有的解放运动都必须面对住房问题,尽管形式各不相同。住房这种激发政治想象的功能也算得上其社会价值的一部分。

住房是工作和休闲的前提。控制一个人的住房,可以控制其工作及闲暇时间,这就是为什么住房斗争在一定程度上往往就是自主权斗争。住房决定着个体与其他个体、社区和更大群体之间的互动方式,在这方面,住房起到的作用远远超出其他生活消费品。一个人的居住地点和居住方式对其所享受的国民待遇有决定性影响,同时也影响着其与他人及社会运动之间的关系。在现代商品中,只有住房能对公民权利、劳动就业、身份归属、组织活动和政治参与等产生重要影响。

我们要保卫的，是人民普遍需要的、具有居住和社会功能的住房，是作为家的住房。作为分析者、住户和住房斗争的参与者，我们面临的挑战是要了解当住房受到多方面威胁时，会产生什么样的后果以及产生的原因。本书的目标是对住房的政治经济性质进行批判性的理解，以使我们充分意识到，要解决当前及未来的住房危机，我们必须采取行动。

13

第一章　反对住房商品化

15　　2015 年 1 月 16 日，一家名为 P89-90 的有限责任公司在曼哈顿中城以 100 471 452.77 美元的价格买下了一套顶层高级公寓。实际买主的身份对外保密。该幢大楼的其余部分均由来自世界各地的空壳公司所有，而控制着这些空壳公司的人身份同样对外保密。但这一点并不重要，因为这栋拥有顶级公寓、名为 One57 的豪华大楼不可能成为一个特别适合社交的场合。很有可能这幢大楼的 92 套单元不会是其所有者唯一的住所。事实上，One57 的许多公寓将一直无人居住。购买者不缺住所，他们购房只是为了投资或满足其虚荣心。与其说 One57 是一幢高楼，不如说它是以高楼形式聚集的全球财富。[1]

16　　穿过布鲁克林北部布什维克（Bushwick）社区中心，在林登大街（Linden Street）98 号有一栋外墙以乙烯材料建造的公寓大楼。One57 建造时，这里的居民目睹了自己的家被拆毁。卡洛斯·卡莱罗（Carlos Calero）一家六口每个月都为 1L 公寓套房支付 706 美元。他们已经在这套两居室稳租房中住了 20 年，左邻右舍都是其朋友和亲人。2012 年，有人以林登有限责任公司的名义收购了该幢大楼。据称，2013 年 6 月 4 日上午，大楼的新主人雇用承包商拆毁了卡莱罗家的厨房、浴室以及地板。公寓变成了废墟。大楼主人紧接着进行了一系列骚扰活动。纽约州政府租户保护小组称,大楼新主人有意拆毁自己的楼房,只是为了将卡莱罗一家逐出并提高租金,而拆毁房屋只是他们为了达到该目的采取的一个手段。在布什维克、威廉斯堡(Williamsburg)和绿点(Greenpoint)这些布鲁克林社区的绅士化中,他们都使用了这种招数。[2]

在纽约市的各个角落,住房正受到房地产的攻击。房屋建造材料的使用可以明显说明这一点。在一些地方,建造豪华大楼使用的是耐候钢和蓝色玻璃。而在其他地方,开发商却用劣质材料将公寓再分隔为有火灾隐患的狭小隔间。开发商达成目的的手段有时是骚扰房客,有时则是滥用政府的征用权,使其为开发商服务。这些不合情理的做法都反映出同一个基本现象:住房的社会使用价值服从于其经济价值。

在纽约发生的一切正在美国各地以及全世界上演。曼哈顿的住房危机,与美国西南部郊区的房屋止赎、南非的拆除棚屋、英国的重置公租房以及巴西的拆毁贫民窟,虽然形式不同,但都有一个共同的根源:都是因为追逐住房利益与实现住房居住功能发生了冲突。

一件物品的经济价值若超过该物品的其他价值,这一过程便称作"商品化"。产品"是唯一的商品,因为产品具有双重属性,物品在承担使用价值的同时还是其价值的承担者"。[3]住房的商品化意味着住房作为不动产的功能优先于其作为居住场所的功能。在这种情况下,住房作为投资对象的角色就比其他所有角色都重要,无论这些角色是建立在权力、需求、传统、司法惯例、文化习性的基础上,还是建立在家的道德,或是情感意义的基础上。[4]

我们的经济系统基于这样一个观点:实现住房的经济价值和实现住房的居住功能不相冲突。但是,纵观全球,我们可以看到,利用居住空间来牟利的人与将住房作为安身之所的人之间发生了冲突。

商 品 的 形 成

在当代,很难想象住房体系不受商品形式的控制。但是,在人类居住史上,将居住空间视为商品的做法是新近的事,并非古已有之。[5]

历史上,住房并不是一个独立的经济部门,而是更大范围内的社会经济关系的衍生物。当农民受制于土地时,住房和劳动共同造就了严苛的封建制度,将农民束缚起来。用刘易斯·芒福德(Lewis Mumford)的话来说,"家庭生活和劳作之间的紧密结合"决定了住房空间。[6]这种结合的松动持续了几个世纪。

住房和土地商品化的历史前提是公用地的私有化。要让住房和土地成为私人获利的来源并实现交换,必须清除古老的公共管制制度,打破传统的土地保有权。卡尔·马克思(Karl Marx)称这种现象是原初积累或"原始积累",农民"突然被强制地同自己的生存资料分离,被当作不受法律保护的无产者抛向劳动市场"。马克思写道,这整个历史进程"是用血和火的文字载入人类编年史的"。[7]

早期现代英格兰发生的圈地运动是最典型的原始积累的一个例子,同时也是早期资本主义发展过程中的关键环节。[8]在之后连续几个世纪里,个人土地所有者将公地圈围起来并据为己有。因此,大量失去土地的人涌入城市,在那里他们成了工人。卡尔·波兰尼(Karl Polanyi)认为,这个过程是"一场富人对穷人的革命"。"公爵和乡绅们……不折不扣地掠夺穷人在公地里的份额,推倒他们的房舍,而根据至此从未被打破的习俗,穷人一直是将这些看作他们以及他们的后嗣的财产的。"[9]

圈地运动是一个充满暴力的复杂过程,它为最终全球范围内的土地商品化奠定了基础。早期现代欧洲的地主、大型手工工场主和"新的银行统治"(the new bankocracy)[10]共同完成的事情,通过殖民主义传播到了全世界。在此过程中,无数殖民时代前的土地保有制遭到了破坏。[11]

在早期的商业资本主义社会,住房仍然主要是由工作的组织形式决定的,其本身不是作为商品生产出来的。[12]在殖民时期的美国城市中,一户人家就是一个密切协调的经济单元。在价值生产过程中,无论是否愿意,他们都必须为参与经济活动的手工艺人、契约佣工、奴隶和其他劳动力提供居住和劳动空间。"对于殖民城市的手工艺人和商人而言,住房和商店、居住空间和工作场所的内部整合既是空间上的配置,又是社会资源的整合。"[13]为了换取劳动力,房产所有者从使用暴力剥削的方式到以热情友好的方式为他们的工人提供住房。

在其他地方,住房依旧束缚于传统的土地所有结构中。例如,在17世纪的英格兰,贵族家庭占有大片土地,但这常由信托机构控制,无法出售。在伦敦,一套复杂的、具有投机性的建筑租约制度应运而生。地主们与开发商签下几十年的租约,但依旧保留土地的所有权。这些开发商可能会在租下的地皮上建造房屋,也可能将土地再转租给其他开发商。从很多方面来看,这仍旧属于封建制度,但已经出现了现代住房市场的一些特征,如租金欺诈、强迫搬迁等。[14]

甚至当工业化和商业主义在整个西方社会改变着都市空间时,住所和工作仍然是相互联系的——对于体力劳动者而言,更是如此。

在 19 世纪的大都市,住所和工作分开代表着阶级特权的产生。成功的商人和其他富有的城市居民创造出了一个家庭生活的世界,他们追求的这个世界无论在建筑上还是文化上都能和愚昧的市场世界有所区分。同时,工人阶级家庭被迫进行家庭劳作、使用童工和租赁房屋。[15]

渐渐地,住房从工作和生产的循环之中断断续续分离出来,成为本身经济价值的直接载体。[16]在 19 世纪,西方工业城市的特色转变为工业无产阶级工人不再居住在——或被束缚在——他们工作的地方。现在,大多数人第一次期待通过开放市场获得他们的居住场所。现金支付成为住房和住户最主要的联系。[17]住房商品化的条件出现了。

19 世纪 40 年代,恩格斯对英国工业大镇的居住条件进行了调查,实际上他也是在描述刚刚出现的住房商品化的影响。[18]工业资本主义的居住状况创造了持久的都市模式。随着工业化的发展,都市空间隔离以新的形式出现了。一些西方城市的"贫民窟问题"在 19 世纪末和 20 世纪初达到了顶峰,酿成了前所未有的悲剧。[19]即使在这样的背景下,市场也不是唯一的力量。当商品化住房无法提供充足的住所来确保工业劳动力的再生产时,一些市政府以及慈善机构建造了最早的一批公共住房。

在 20 世纪前几十年,居住空间的商品化显然已成为一场社会灾难。许多政府转而采取措施压制或消除住房商品化造成的动乱。改革者们制定了新的租金管制政策和建筑规范,公共住房得到了更大规模的发展。与此同时,住房在总体政治经济中的价值也变得更加清晰。居住环境和都市环境成为至关重要的投资循环,其作用就像一个逃生阀门一样,通过这个阀门,资本可以设法解决过度累积的问题。[20]

第一次世界大战后,赫伯特·胡佛(Herbert Hoover)担任美国商务部长,后来又成为美国总统。他提倡将住房作为拉动消费增长的关键力量。通过刺激人们对冰箱、吸尘器、洗衣机和其他家用电器的需求,无论从经济角度还是意识形态角度,私人自有房都成了商品世界的中心。[21]

大萧条期间,消费者购买力大幅度减弱,于是政府采取措施来维持对住房的有效需求。为了应对大萧条造成的危机,联邦政府制定了一套管理框架,使现代住房体系有可能实现。在联邦住房管理局(Federal Housing Administration)、《格拉斯-斯蒂格尔法案》(Glass-Steagall Act)以及其他新政措施的共同作用下,标准化的抵押贷款制度产生了。如果没有联邦政府稳定大局,自有房就不可能普及。但是在这个过程中,政府和房地产行业一起使用"红线"规则,利用歧视性做法以及限制性契约来巩固种族歧视性的土地使用模式,并将非裔美国人排除在住房信贷体系之外,形成了不公平的住房模式,这在未来很多年都带来了破坏性的后果。[22]住房体系具有潜在的压迫性,在住房作为吸引并剥削劳动力的主要手段时,这种潜在的压迫性就已经存在,如今则更加明显。但是住房体系的这一功能——这种潜在压迫性依托于住房的商品化,两者并不存在矛盾。[23]

第二次世界大战后,许多国家的住房体系显露出了部分去商品化特性。在社会主义世界以及一些摆脱了殖民主义枷锁的国家中,住房是一种社会权利,而且住房的增加绝大部分甚至全部都集中在国有住房领域。在西方福特-凯恩斯主义经济(Fordist-Keynesian economies)中,住房成为大众消费的中心,大众消费支撑着大批量住房不断建造。[24]例如,在英国和其他欧洲国家,大多数的新住宅都是由国家和地方政府建造的。

在美国战后繁荣时期,住房体系也得到了政府的支持。有时,政府会直接提供住所。战后欧洲国家住房增长是由于住房体系部分或全部国有化。但美国住房增长的形式不同,其原因是政府大规模投资基础设施,并且采取了大量与抵押贷款相关的措施,以给私人住宅提供贷款资助。最终美国产生了一个以私有房产为主导、由国家支持的住房体系。直到20世纪40年代,自有房才成为美国梦的化身。20世纪上半叶,拥有自己住房的美国人不足总人口的一半。1950年之后,美国的自有房比例急剧上升,到1980年,60%的美国人拥有了自己的房子。[25]

直到20世纪下半叶,住房才变成流动资产,房地产才成长为一个全球性的企业巨头。住房的商品特征时强时弱,发展并不均衡,而全球范围内的斗争表明这种情况将持续存在。但是,住房的发展一直是依靠国家措施才得以实现的,这从来都不是一个纯粹的经济过程,住房的商品特征始终涉及社会和政治层面。

过度商品化的时代

如果说住房商品化程度随着历史的发展而起起伏伏,那么现在我们所生活的时代,住房商品化程度是前所未有的。今天的市场跨越国界,数字化技术起到了推波助澜的作用。住房所扮演的基础居住设施的角色越来越弱,作为资金积累工具的角色逐渐增强。如今,房地产以各种极端的方式支配着住房,这就是所谓的住房的过度商品化。

在过度商品化背景下,住房所有的物理结构和法律结构——房屋、土地、劳动力、财产权——统统变成了商品。在这一过程中,房屋作为安身之所的功能屈居其次,重要的变成了住房如何在经济积累的循环中发挥作用。

住房的过度商品化发生在政治经济发展的大背景下,这种发展加深了住房过度商品化的影响。当今,社会不平等愈演愈烈,达到了前所未有的程度。不平等问题扩大了经济精英们的权力,这些人从住房商品化中获利,进一步加深了住房的商品化。不平等问题也意味着资本处于攻势,而劳工组织的权力遭到削弱。工人阶级和穷人们的工资几十年来都没有上涨,很多人需要借贷才能维持他们的开支。[26]工人们微薄的工资与全球精英的巨大收益形成了鲜明的对比,这意味着现在许多国家的社会不平等问题比过去一个世纪都更加严重,甚至是历史上最严重的一个时期。[27]

同时,在这个时代,住房和都市化在全球经济中也越来越重要。在许多地方,房地产的利润和重要程度都超过了实业。亨利·列斐伏尔在 1970 年对这一转变进行了如下描述:

> 房地产投机变成了资本的主要来源,而资本带来剩余价值。工业产生和实现的剩余价值所占总剩余价值的比例开始下降,房地产投机和住房建造创造和实现的剩余价值所占的比例随之上升……用经济学家们一贯的言论来说,这是一种不健康的状况。[28]

房地产及其在金融以及保险领域的盟友们,已不仅仅是减缓整体经济的震动,而是越来越起决定性作用。

根据上述总体趋势,我们可以概括出当今住房过度商品化的三个具体因素,它们互相关联、互相巩固,其具体形式各不相同。虽然一些国家和城市抵制了其中的某个因素,但是在当今全球新自由资本主义国家和城市中,这些因素却以某种形式塑造着它们的住房体系。

第一个因素是现代版的圈地运动,即解除管制,也就是撤销将不动产作为商品的种种限制。在美国以及许多其他国家都存在着一种稳定的势头,即削弱或废除房地产行业的规章制度及惯例。

最为明显的例子就是住房信贷体系。过去几十年里,在美国、英国等诸多国家,与抵押贷款相关的规章制度都遭到了严重削弱。约束抵押贷款市场的关键金融制度岌岌可危,例如《格拉斯-斯蒂格尔法案》。对高利贷的管制也被取消了。借贷市场从前受到严格管制,如今引入了竞争,还引入了各种不同的利率、气球贷、自我认证抵押贷款、只付息贷款、无收入无资产贷款("no income, no assets",NINA),最终还引入了无收入无工作无资产贷款("no income, no job, no assets",NINJA)等奇特的贷款机制。这些项目通常提供给那些有资格进行传统按揭的人,传统按揭相比之下不那么昂贵,风险也更小。掠夺性借贷给各群体带来了不同程度的影响,尤其摧毁了黑人和拉美裔家庭积累的财富。[29]而能够阻止这些现象的监管力量已经没有了。[30]

西方住房体系的很多其他方面也实行了管制解除。租金管制被废除。1981 年到 2011 年间,纽约租金管制公寓的数量从285 000 多套锐减到不足 39 000 套。[31]英国自 20 世纪 50 年代起解除对租房市场的管制,80 年代和 90 年代采取综合措施增加私人租户的数量,租房市场管制解除的步伐加快。[32] 1988 年,英国推行减少非私人房屋租赁政策,并为此特地设立了购房出租按揭贷款。从那时起,这一类型的按揭贷款已受理了百万次。[33]

管制解除掀起了一场公有房或公管房私有化的浪潮。在美国,公共住房数量大幅减少。自 20 世纪 90 年代起,全美超过 26 万套公共住房或由私人所有者收购,或是遭到拆毁以出售地皮。[34] 这种情形在英国更加严重。以前,英国的住房大多数都是公共住房。自 1981 年起,近 300 万套廉租公房被出售或转让。[35] 在后社会主义世界(post-socialist world)中,1989 年后的住房私有化或许是史上规模最大的一次房产权转让。[36] 战后来之不易的部分去商品化的空间已渐渐遭到了挤压。

管制解除产生了深远的影响,但这并不意味着将政府从房地产市场排除出去。与其说管制解除是废除规章制度,不如说是重写规章制度,让不动产成为流动性更强的商品,而国家仍然深度参与整个住房体系。

第二个因素是住房一直处于金融化的进程中。"金融化"是一个宽泛的词,指的是参与者和公司通过货币及金融工具的服务和交换,进行利益积累,从而不断提升其权利和地位。[37] 经理、银行家和食利者通过购买、出售、出资、拥有、投机等活动从房地产中获利。市场参与者经常在无实体的电子领域进行交易。他们从不需要见到能让他们获利的实体楼房,即使他们的交易对拥有那些房产的人会产生重大影响。

抵押贷款市场的例子同样能很好地说明这个问题。曾经用来促

31

32

进住房生产的手段，现在却成了盈利的工具。过去近半个世纪里，住房抵押贷款行业发生了转变。以前，住房抵押贷款行业是地方借贷、储蓄与借贷银行以及有存折的存款账户共同主导，后来变成了由全球企业银行和证券化主导。自 20 世纪 30 年代以来，一些像房利美（Fannie Mae）和房地美（Freddie Mac）这样受到政府支持的企业纷纷成立，旨在为抵押贷款市场提供流动性。从 20 世纪 80 年代以后，集中抵押贷款并出售收益流分成的做法突然泛滥。[38]通过抵押贷款市场，可以将固态的建筑结构转变为流动的资产。住房能以电子交易的速度进行买卖，也能被分割成数千份。正如住房领域的学者德西蕾·菲尔茨（Desiree Fields）所提出的，"如今的抵押贷款促进了全球投资，方便人们将固定在土地之上的房产价值抽离出来，而不是用房产将财富固定在土地上"。[39]这一进程正是金融公司所积极倡导的。

33 　　在金融化之下，房地产公司的性质发生着变化。传统上，连大城市中的房地产也不过是地方性小事务。商人、专业人士和其他拥有投资资本的人，会最大限度地利用其作为房东所拥有的金钱和人脉关系。[40]甚至在纽约这样的大城市，房地产已经被数以千计的小玩家掌控了，他们之中领头的是几个有权有势的家族企业。

　　但是房地产的生态系统正沦为大型公司的金融殖民地。华尔街和伦敦金融中心是街区的新地主。私募股权在纽约和其他城市的住房市场中正成为一股重要力量，自 21 世纪头十年的中期以来，其作用得到了极大提升。2004 年至 2008 年间，私募股权公司掀起了一股购买热潮，在纽约市累计购买了 90 000 套稳租房，约占公寓总数量的 10%。[41]在美国，自 2007 年以来，摩根大道（JP Morgan Chase）、黑石集团（Blackstone）和克罗尼资本（Colony Capital）等公司把深受房屋止赎影响的近远郊独户住房全部买下。行业分析师们将这个垄断市场视为"1.5万亿美元的机遇"。[42]

房地产投资信托基金（REITs）的发展是衡量住房金融化的一个标准。在美国，REITs于1960年由国会立法设立，最初数年内不过是避税公司。但是1986年国会制定了另一部法案，赋予REITs新的权力，使其可以更加积极地管理和开发其名下的建筑。此后，REITs的数量飞速增加，影响力极大提高。REITs成了纽约市最大的房地产持有者，它包括沃那多公司（Vornado）和格林地产公司（SL Green）等。

第三个因素是住房的全球化进一步加强了住房的商品化。住房不动产可能被固定在一定的位置上，但是全球经济网逐渐加强了对不动产的主导。丹尼尔·罗斯（Daniel Rose）是纽约房地产的一位圈内人士，他在2002年的一次产业大会上说道：

> 仅在数年以前，纽约的建筑还是由纽约人建造、提供资金、持有、管理并使用的，和芝加哥、伦敦、旧金山以及巴黎一样，纽约的建筑都是由当地人所掌控的。而在如今这个全球化的世界，资本、观点、人员可以在全国乃至全球范围内自由流动……在座各位，很多人并不知道他们在纽约支付的公寓或办公室租金所产生的净现金流，会落入德国或英国的投资者手中。[43]

房地产已经变成了全球范围内的一个庞然大物。自20世纪90年代末以来，美国房地产公司的直接境外投资大幅增长。[44]美国房地产中的外商直接投资同样上升了，从1973年的20亿美元增长到了

2002 年的 500 多亿美元。[45]

外国人涉足住房,这本身不是问题,但住房全球化的各种方式都表明住房与居住需求正在分离。一些住房市场开始发生转变,对全球经济信号的回应比对当地经济信号的回应更为积极。在伦敦、纽约等地方,新公寓大楼的住房单元经常向国外购买者进行宣传,有时甚至早于向本地市场开放的时间。在像国际地产投资交易会(MIPIM)等房地产交易会上,政府将库存住房向国际投资者直售。[46]在这些情况下,住房作为一种投资直接与各种全球圈相联系。在这种距离下,住房作为居住空间的用途已经微不足道了。

以商品形式存在的居所

管制解除、金融化、全球化等进程相互关联,表明住房作为商品的作用达到了前所未有的程度。这正是目前住房危机的核心问题。

居住在一个过度商品化的世界意味着什么?住房性质的转变造成的种种后果在整个住房体系中都能感受得到,只是其程度极不均衡。

在世界住房最昂贵的地区,豪华大楼数量激增,远远超过了实际住房需求。超级富豪们拥有大量的不动产,其中大部分纯粹是用来投资的。一位纽约房地产经纪公司的负责人开心地将"豪宅"描述为"世界新货币"。[47]伦敦、纽约、东京、迈阿密、巴黎、莫斯科、香港和温哥华等城市的高档昂贵地段成为存放财富的优选之地。开发商迈克尔·斯特恩(Michael Stern)对一个记者说:"全球精英从根本上说就是在寻找一个财富保险箱。"[48]

所谓的高端不动产被掩盖在神秘的浓雾之下。只用现金的购买方式及购买方为层层控股公司可以起到掩饰可疑财产的作用。许多观察家已将豪华住房的兴起同洗钱、逃税及其他非法交易联系在一起。[49]莫斯科的奥斯托泽卡地区(Ostozhenka)、曼哈顿中央公园附近的街区及伦敦汉普斯特德的主教大街(Bishops Avenue)等富人区的房产所有者,已与犯罪活动联系在一起。[50]据一位社会学家称,在离岸世界的这些飞地之中,企业及个人形式的资本和犯罪资本差异性正逐渐减小。而一些"明星建筑师"的设计和高贵的地段,似乎是有意用来掩盖上述事实的。[51]

许多高端不动产根本不应该当作住所。许多豪华大楼建造的首要目的不是提供住所,而是通过转卖获利。不过,高端不动产的价值是有保障的,因为它可以通过贷款、债券、按揭贷款以及其他复杂的金融交易轻而易举地转变成现金。是否有人会在这种豪华大楼中安家则无关紧要。据纽约市独立预算办公室(Independent Budget Office)估计,在那些昂贵的新楼房中,只有大约一半的单元主要是用来住的,[52]而真实的数字可能远不到一半。在一些新建的高端楼房中,真正的居住者寥寥无几。那些住在里面的人称,四周没有邻居,走廊空荡荡的。[53]在伦敦,高档住宅集中的地区人烟稀少,没有生活迹象,当地商铺因此难以经营下去。[54]

简而言之,豪华住房是反社会的。这些不动产只是用来储存财富,其所有者也许和当地毫无关系。列斐伏尔在20世纪60年代就已经认识到这一动态过程:"新资产阶级贵族中的众神们已不再定居在某一个地方。他们从一个大酒店到另一个大酒店,从一处宅邸到另一处宅邸,他们在游艇上指挥着一支舰队或一个国家。这些人无处不在,同时又难觅其踪迹。"[55]研究表明,超级富豪利用他们的资源躲避贫穷、矛盾、差距等他们眼中都市生活的消极面。[56]

高价住房对地方发展的带动作用被夸大了。由于地方开发政策反复无常,这些大楼的所有者常常支付很少的税收,或者根本不用支付税收,其中很多人还享受着巨额的公共补贴。上文提到的 One57 大楼得到的补贴和减税额就超过 6 500 万美元。[57]补贴的初衷是激励豪华大楼的开发商也建造一些不那么昂贵的住房单元。但该系统问题很多,比如效率极其低下。[58]纽约市将西五十七街的天价公寓楼所在地区重新命名为"亿万富豪街"(Billionaire's Row),然而该项目迄今为止仅为纽约市贡献了 89 套平价公寓。[59]One57 大楼的开发商以每单元 90.5 万美元的成本建造了 66 套住房。据纽约市独立预算办公室计算,同等数额的补助,若由非营利住房机构掌握,可以以每套 17.9 万美元的成本价建造 370 套公寓。[60]亿万富翁拥有更多的住房,却对所在社区贡献很小。但是他们依旧占据空间,抬高成本,将其他人赶到更远的地方。

住房过度商品化让富人们赚得盆满钵满的同时,却让普罗大众不得不面对新的风险、高昂的房价和不稳定的生活。

住房商品化的发展阶段并没有按其倡导者预想的那样,转变为一个房租低廉的居住天堂。与此相反,住房商品化使得有权势的精英可以垄断更多住房。像纽约这样的城市,尽管在近几十年里经历了大规模的管制解除和住房繁荣,住房价格也没有相应的有所下降。一项国际研究发现,"金融管制解除导致的需求压力或许已经转变成住房价格约 30% 的上涨"。[61]全球化、管制解除的市场并不稳定,极易受到剧烈价格波动的影响,首先会引起泡沫,继而导致市场崩盘。[62]

如今,商品化的住房越来越无可替代。纽约部分去商品化的空间,如公共住房和租金管制,正在消失。1981 年至 2011 年间,租房市场中受到管制的部分占所有单元的比例从高于 62％降到了 47％。[63]因此,对于租户来说,租房市场变得更不稳定了。2001 年至 2014 年间,美国实际租金上升了 7 个百分点,但是同期的家庭实际收入却下降了 9 个百分点。[64]更多家庭被迫在租金没有受到严格管制的市场中竞争,而这一市场是由一些大公司控制的。并且租房市场中的许多新房东并没有兴趣改善其出租房的状况。位于加利福尼亚的 REIT 租户们曾表示,他们的租金要高于平均水平,并且要自己承担维修的重任。[65]

在英国,租户们同样面临着一个充满剥削且缺乏保障的新世界。公共住房正被拆除,租户们必须投靠私人房东——有时房东就是当初吞噬公共住房的那些人。在伦敦南部的一个住宅开发区,那里超过 40 套的原公共住房都为当地政府一位部长的儿子所有,而这位政府长官曾负责 20 世纪 80 年代的公共住房私有化。[66]在整个伦敦,超过 36％的原公共住房现在都以私人名义出租了;在某些地区,这一比例甚至超过了 50％。[67]

体现住房政策荒谬的一个明显例子就是,英国原公共住房的一些房客收到了针对房租的公共补贴,他们又将这笔补贴支付给了私人房东。[68]廉租公房区的一位租户告诉记者,私人房东每月向她收取 800 英镑的房租,而同一单元的廉租房租金本来每月只要 360 英镑,房租之间的差额现在由政府弥补。[69]整个情形体现了住房过度商品化的典型特征:追求利益的企业进入住房体系并吸取资源,推高了住房价格,却无益于住房体系更好地满足住户需求。

商品化和绅士化

对于那些在纽约各地大量购买住房的企业投资者来说，绅士化是他们的一个商业计划。公司买下建筑，是指望租金会两三倍地上涨，甚至更多。这个策略的前提是住房脱离租金稳定系统——实际上，也就是将住房重新商品化并迫使低收入租户迁移。[70]

以郑之琴(Zhi Qin Zheng)的遭遇为例。现年 60 多岁的郑之琴是纽约唐人街住客协会(New York's Chinatown Tenants Union)的一位创始人员，以前是一位服装工人。郑之琴住在曼哈顿闹市区一栋大楼的公寓里，这套公寓租金稳定。一家名为麦迪逊资本(Madison Capital)的投资公司收购了该大楼，于是郑之琴眼中长期稳定且支付得起的家，成了"表现不佳的资产"。她需要将家"搬迁到别处"，并且房租将依据所谓市场效率增长六倍。据报道，郑之琴的房东开始了骚扰行动——中断供暖、停止维修、无端向警察投诉租客。用住户们的话来说，这场行动就是"为了将他们和他们的文化从这栋大楼中赶出去"。[71]

业主协会说违反法律的不过是那几个所谓的"害群之马"而已。但是，这个寻常的故事——改造一栋表现不佳的大楼以产生更多利润——每天都在纽约市的各个角落发生。地理学家尼尔·史密斯(Neil Smith)将其视为绅士化的本质，即声称现阶段的租金与一栋大楼的"最高价格、最佳用途"之间存在差距。[72]如果住房单元可转变成更具有流动性的商品，并因此将其收购，那么迫使住户搬迁就是预料之中的结果。

无法支付更高租金的低收入租户,要在绅士化的社区中立足只有两种方式:要么他们受到某种部分去商品化形式的保护,例如租金管制或公共住房,但正如上文我们所阐述的,这些政策正日益遭到削弱;要么他们必须非常幸运,遇到一位在经济问题上不那么理性的房东。在一个竞争性的房地产市场环境中,这种幸运是有风险的,但是同时也能给予租户一点稳定性。一位纽约社区组织者告诉住房研究人员:

> 房东们并不总是将他们的收益最大化。房东的决定受到很多因素的影响。有许多社区成员,例如成千上万残疾人和老人,他们支付的租金远低于市场价格,并且长期以来都是如此。这是因为房东认识这些人,并和他们有关系。房东做出了这个不符合逻辑的决定,于是老太太住了进来,过去 10 年里一直只支付每月 600 美元的租金。还有一些社区价值观也能够影响市场。虽然不是绝对,但在大多数情况下,社区达成共识,我们不应该驱逐独居的残疾人士。这种共识减轻了提高租金的压力。[73]

由于住房商品化的继续发展,类似情形已不太可能发生。这位社区组织者又说:"随着市场价格越来越高,那种共识被打破了。"[74]股东们可能散居在世界各地,这些人在一处房产中只短期持有一份股份。他们没有耐心去理会这种不理性的行为。经济规律和组织逻辑都要求他们尽可能地提高租金。

这并不是说提高租金这种策略总能获利。大楼很可能无法产生房东们期望的回报。但是即使这一情况发生,这些大楼也无法从商品化住房体系中退出——因为没有明确的机制能让失败的不动产项目作为公共财产被住户重新占有。处于止赎状态的房屋只能重新进入金融化循环之中,将整个过程再重复一遍。例如,2007年,虎猫资本(Ocelot Capital)买下了布朗克斯区的租金管制大楼。这些大楼陷入了房屋止赎的状态,在接下来几年,大楼在一系列买家手中流转,日益破旧。[75]

商品化是一个自我再生产的过程。它在不同层面上同时进行,涉及每个社区、每栋楼甚至每个家庭。因此就有了把空余房间或沙发转租出去的做法。将越来越小的空间商品化,成为一种策略,以便在昂贵的住房市场中挤出一点空间。这种策略同样也被纳入更大范围的实用逻辑中。伦敦一位自诩进行"合法转租"的企业家直言不讳地向记者说道:"我租下一栋房产就是为了将其以更高的价格出租。"[76]毫无疑问,一些精明的金融创新者早已经在努力将合法转租住房进行资产证券化,或者是从转租中汇集收入流。

开 动 推 土 机

一些观察家认为,这种前所未有的住房商品化转向还不够彻底。现在,有很多人认为如果赋予房地产开发商更多自主权,那么市场就能解决住房危机。

例如,经济学家爱德华·格莱泽(Edward Glaeser)认为,要使人们更能负担得起城市住房,最好的方法就是减少住房建造过程中的阻碍,让推土机进场。要达到这一目的,就须在大部分城市中废除一系列令人眼花缭乱的土地使用规则,因为它们增加了成本。[77]保守派住房学者霍华德·霍萨克（Howard Husock）声称，纽约必须摆脱租金管制和公共住房，以"解冻住房市场"。[78]自由派作家马修·伊格莱西斯（Matthew Yglesias）也对"管制解除的议程"表示支持。[79]在这类作者看来，住房的过度商品化不是一个问题，而是一种解决方案。

这种推论明显是根据标准的经济逻辑得出的，但它忽略了住房商品化的实际影响。出于多种因素考虑，全面解除管制及开动推土机，不会也不可能解决住房危机。

首先，虽然市场被想象成一个自我组织的实体，但是正如我们已经看到的，将住房转变成可在市场交换中循环的商品，国家在此过程中始终发挥着主导作用。国家是创造住房市场的机构之一，无法从中"脱离出来"。政府制定游戏规则，保证合同的神圣性，建立并保卫着产权制度，同时也是将金融体系和人们居住的住房联系起来的核心力量。

换句话说，住房从始至终都带有政治性。租户和房东之间、不动产持有者与社区之间的权力平衡，无法以中立或非政治的方式决定。自由市场拥护者忽视的是权力问题。

而且，住房市场是各个不平等群体之间的斗争场所。废除约束房产所有者的规章制度，会使权力朝资本转移，住户的权力会减少——同时自然也会让土地更值钱，更适合投机。正因如此，进行游说、要求解除住房体系管制的总是房东，而租户们几乎从不会提出这样的要求。住房商品化是一个政治计划，但其本身不承认这一点。

支持管制解除的人认为，只有希望干预的官僚或贪婪的住户才主张区域划分、租金管制及租户保护。但是房地产行业尽其所能来保持住房价格居高不下，废除现行的租户保护可能只会将房地产公司置于一个更好的位置上,重塑一个对他们更有利的市场。

其次,当住房变成全球化商品时,市场回应的价格信号与对居住空间的实际社会需求之间的鸿沟会进一步扩大。

追求短期利益的投资公司对住房体系进行再调整,使其远离当地住房需求,并使价格与当地劳动市场的工资水平分离。跨国投机资本开始影响建筑的种类、地点以及服务对象。我们看到伦敦和温哥华等城市正在发生类似情况,公寓的数量增加了,但这些公寓并不适合那些需要住所的家庭,倒是可以轻松地卖给居住在国外的投资者。

经济需求和社会需求之间存在着天壤之别。很多家庭,尤其是贫困和工薪家庭,需要更多住房空间,但他们无力承担房租。那些纯粹以利益为导向的开发商并不理会这种需求。投资者们不仅不会有效地回应居住需求,反而会在不增加住房总量的情况下,从现存居住空间中榨取更多利益。开发商们惯常采取的囤积土地等策略,重点不外乎利用资源稀缺进行投机。

连一些经济学家都认为,从结构上来说,住房市场不可能具备效率。[80]扩大价格泡沫容易,缩小难。房地产的历史充满了投机行为。[81]无论住房市场在抽象模型中多么完美,实际上住房市场既无理性又不合理。

那些想要开动推土机的人可能会反驳说,住房市场的"扭曲"必须归咎于政府的规章制度,而不是市场机制本身。他们说,如果最初没有租金管制,搬迁就不会成为问题。他们认为,政府的干涉造成了住房市场中的扭曲,所以必须解除管制以提高效率。

我们需要质疑效率的这个定义。一个人眼中效率低下的政策,却是另一个人眼中安身立命的保证。我们需要问一问：为什么投资者的利益应该大于居民的需求？一些租户面临着从他们长期居住的家中搬出来的问题。从这些租户的角度来看，商品化住房开发体系才是无效率的，甚至是残忍的、毁灭性的。由于全球住房市场的变化，楼房变成了投机者的目标，但这绝对不会削弱它作为居民居住空间的实用价值。

管制解除的支持者将过滤效应当作天外救星，认为它能够提供平价住房。但在实际情况中，旧大楼的数目有限制，尤其是在特定街区。当今，过滤效应的常见形式是比较富裕的家庭重新获得旧大楼。

这涉及市场不会解决住房危机的最后一个原因。那些想要解除管制和建造住房的人，根本不会考虑住房商品化所带来的实际后果。

如果其他条件保持不变，在稳定需求的同时扩大供应量可能真的会使价格降低。但是这样表述未免过于抽象。其他所有条件不可能都保持不变。那些支持自由市场住房解决方案的人从来不考虑，要建立一个完全自我管制的住房市场是会消耗成本并带来后果的。

理论上来说，创造无摩擦的交易和无限制的发展条件会使房价下跌，让每个人都住得起房子，包括收入最低的工人。但是，要想达到这个目标需要推翻现行的居住格局。这意味着要进行大规模搬迁，房东更容易对租户进行威胁、骚扰和剥削，居住隔离会大幅加剧。并且这会鼓励劣质、危险的房屋和环境恶化，会使危险拥挤、年久失修的住所数量激增。19 世纪末，在自由放任住房发展达到鼎盛时，这种住房随处可见。以为处在一个完全不受管制的市场中，租户仅仅通过行使消费者选择权就能避开这种有害的局势，是非常天真的

50

想法。以为在这一过程中不会遇到某种对抗行动,也是不切实际的。

走向去商品化

在世界各地,想将住房转换成流动资产的人,正为那些只希望将住房作为安身之所的人制造困难。然而,对自由市场进行意识形态上的吹捧比以往都要强烈。除了对住房模式进行局部微小的调整,很难想象其他的替代措施,甚至也很难看清商品化住房体系的本质。

商品化不是住房的默认模式。这是一种较新的模式,是由政府行为决定的,根据时间、地点的不同而不同,根据环境的变化而变化。它所产生的后果是不均衡的,它帮助超级富豪赚得巨额利润,却给其他人带来不稳定性。

卡尔·波兰尼在《巨变》(*The Great Transformation*)中说道:"这种自我调节的市场理念,是彻头彻尾的乌托邦。除非消灭社会中的人和自然物质,否则这样一种制度就不能存在于任何时期。"[82]同样,拥有一个自我调节的住房市场,也是乌托邦式的想法。

在由商品化逻辑主导的不平等之下,一些人总是被迫居住在不宜居住的空间里。一些人住棚屋,一些人住储藏间,一些人生活在有毒的污染中。还有一些人和其他 25 个人生活在一所住房中,其中包括儿童。[83]这些不是市场失灵,恰恰是市场运转的结果。

住房商品化的最终结果是根据支付能力分配住房,根据利润多少提供住房。但是,人们的支付能力是不均等的,而住房需求是普遍的,因此冲突不可避免。

无论有多少人、多少机构把房子当成商品,住房也不可能成为一个可充分流通的可交换商品。住房的使用价值,甚至部分货币价值都来自它在各社群中的位置,各人类社群是缓慢出现的,需要持续性和稳定性。将住房从背景中强行剥离,就遮蔽了这种社会层面的考量。

然而,我们终究不能把当今住房的不公平归咎于房地产公司。企业的设计初衷是单一的,作为创建的实体,企业使用国家赋予的法律权力,努力达到经济积累这一唯一目的。企业建立的方式就决定了它们一味追求利益,不顾客观社会结果。如果一个住房体系由这类公司操纵,或由遵从类似逻辑的其他房产所有者操纵,那么必然会引起住房上的不公平和危机。

那么,解决住房问题就不能靠道德主义,而是要创造一种能取而代之的住房逻辑。劝诚追求利益的房地产公司采取新的做法,创建一种危害性更小的住房体系,这毫无意义。住房问题不是因为贪婪或者不诚实造成的,而是由现行住房体系的结构逻辑导致的。因此必须创造能取而代之的、去商品化的住房发展模式。城市需要的绝不是停止现有的住房建造,而是建造更多的去商品化的住房,例如公共住房或合作住房。要对现今的住房危机有一个恰当的理解,就必须考虑住房的商品化。要在住房问题上取得真正的进展,就必须找到切实可靠的替代模式。

第二章　住房异化

　　2012 年,马哈马杜·图恩卡拉(Mahamadou Tounkara)和阿塞杜·图恩卡拉(Assetu Tounkara)以及他们的六个孩子,一起住在南布朗克斯的一个小房间里。图恩卡拉一家的居住空间十分拥挤,是一个三居室公寓的一部分,公寓中还住着其他两个家庭。图恩卡拉一家在纽约市公共住房的等候名单上。他们已经等了四年之久。这个名单上还有其他 16 万个家庭,因此图恩卡拉一家能得到一套房子的机会微乎其微。

　　1996 年从马里搬到布朗克斯的汽车修理工马哈马杜对住房前景并不看好。他对记者说:"像这样住着很辛苦。你想要更多的空间,但是如果你没有钱,又怎么能付得起?"如果一个家庭月收入只有 1 700 美元,那么这样的家庭在纽约几乎不可能找到一个体面、安全的平价住房。[1]

　　居住在一个房价昂贵的城市,领着微薄的工资,这让图恩卡拉一家在住房问题上别无选择。他们只能八个人挤在一个房间里,这对他们而言是极大的挑战。但是,图恩卡拉一家的境况再平常不过了。要在南布朗克斯地区找到平价住房并不容易,因为公司投资者看中了该地区,导致租金迅速上涨。据统计,在整个纽约城的所有租房单元中,12%都处于过度拥挤状态。[2]马哈马杜和阿塞杜在当地清真寺认识的其他20个家庭,都在忍受着相似的拥挤环境。

居住在这种环境中不仅让人感到不舒服,还会产生致命的后果。2007年布朗克斯区伍迪克雷斯特大道(Woodycrest Avenue)的一栋大楼发生了火灾,导致八名儿童及一名成人死亡,他们也是马里移民。火灾发生的一个原因就是过度拥挤。[3]

政治精英和经济精英的决定影响着住房体系,他们自己住着安全牢固的房子。他们利用家这个工具,实现个人成就、积累财富、出人头地。

对于许多住户而言,这些却是遥不可及的。如今,越来越多的人在自己的住房中找不到家的感觉。住房过度拥挤、强迫搬迁、强制驱逐、无家可归、持续骚扰、房屋失修,种种煎熬变得越来越平常。空间充足、价格合理的稳定房源越来越稀缺。因此,对于许多人而言,住房不过是这个不安全的世界中又一个不稳定的地方而已。

有一个词可以用来描述没有家的感觉,就是"异化"(alienation)[4],这一词在社会科学和批评理论中由来已久。"有家的感觉"似乎正是异化的对立面。将异化的概念应用于住房领域,能够帮助我们理解当下的住房斗争经验,并看清住房危机和个人危机之间的关联。

对于不同群体和不同地区来说,住房异化的程度和性质千差万别。各个国家和城市提供的保障有多有少,但都普遍存在着住房异化这一问题。产生住房异化的原因包括住房过度商品化、就业不稳定、社会不公日益加剧,以及新自由主义攻击社会保障体系。这些问题既影响了租户,也影响了自有房持有者,既影响了工人阶级家庭,也影响了中产阶级家庭。影响程度有大有小,但是如果认为这些只是最贫穷的家庭才会面临的问题，那就大错特错了。

在这个时代，灵活性比稳定性更受认可。一些重要机构原是为了保护人们不受风险影响而建立的，但现在自身都面临着危机。在这种情况下，不确定性增加，异化程度加深，也就不足为奇了。[5]但是，异化这一进程对居住体验的影响并没有进入主流的住房政治中。如果我们想真正了解住房过度商品化所造成的后果，就需要了解被异化是一种怎样的社会心理体验——恐惧、压力、焦虑、无助——这些都是由当下的住房体系造成的。

异 化 与 住 房

异化意味着疏离、物化或他者化。这种概念很少用于住房，但是应该用在住房上。凭直觉说，异化属于住房领域，并且几乎独属于住房领域，这可以在财产法中找到根源。如果某物是"可异化的"，那么它就是可交换的，可以用于买卖。因此，异化是所有私有财产的前提。

作为对社会弊病的一个重要诊断，异化是一个古老的概念。[6]这一概念由黑格尔（Hegel）引入社会哲学，他将人类发展的宏伟故事看作精神异化出现和征服的过程。黑格尔的支持者，例如激进派无神论者路德维希·费尔巴哈（Ludwig Feuerbach）将异化的概念当作攻击宗教的核心武器。他解释道，人类创造了宗教，接着又错误地认为宗教力量统治他们。对费尔巴哈来说，异化意味着没有认识到人类究竟有多大的能动性。

马克思沿用了异化这一抽象概念，并使其具体化、历史化、政治化。马克思认为,异化不是人的存在概念的病症,而是资本主义经济组织方式所造成的后果。劳动是必不可少的人类行为。我们通过创造性的劳动来构建并改变这个世界,而且在此过程中肯定并实现我们的人性和个性。当资产阶级占有了这一普遍的创造能力,并利用这种能力来满足自身利益时,异化就产生了。

通过劳动,工人们本应该体验的是一种自我实现,但当他们出卖劳动力时,他们体验的却是"在另一个人的控制、压迫和束缚下"从事"带有敌意的、陌生的事情"。[7]在被异化的劳动过程中,工人们"不是肯定自己,而是否定自己,不是感到幸福,而是感到不幸,不是自由地发挥自己的体力和智力,而是使自己的肉体受到折磨、精神遭摧残"。[8]被异化的工人与他们的创造力相分离,他们感觉自己的时间和身体成了他人的财产。但是,让众多的人从事艰苦劳动的非人性环境,并不是由一成不变的自然法则造成的,而是政治经济的产物,是可以改变的。

后来的批评家们拓展了这一概念,使其不再局限于工业生产,而是对阶级社会中的异化做总体的描述。如今,这一概念不仅指"没有能力和自由",也指"典型的缺乏自我和世界之间的联系"。[9]与费尔巴哈反对宗教的观点一脉相承,当代的异化观点也认为,一些社会和政治机构被错误地分离出来,并处于统治地位。但是现在被认为拥有无上权力的却是市场。给经济力量错配的权力越多,现代人类所能感受到的权力就越少。

如果我们将这些想法用到住房上,住房危机的原因和后果就凸显出来了。无论我们住在洞穴中还是公寓里,居住都是普遍的人类行为。家是我们创造力的延伸和表现。家呈现的形式千变万化,但是为我们自己安置一个家是一种必需且普遍的活动。当资产阶级控制了住房并利用其为自身谋取利益时,住房异化就产生了。[10]

过度商品化的住房就是异化的住房。支配住房的人用旨在获益的投资者的眼光,或旨在控制的技术官僚的眼光来看待住所,而不是将住所视为一种社会权利。商品化的居住空间并没有表达其住户的居住需求。商品化住房取决于房东、转租者、管理公司、房地产开发商、银行、执达员、技术官僚,以及当代社会中所有支持看似非人性法律的社会角色和机构。

在这种情况下,住户们不能按照自己的意愿来创造家庭环境。他们无法通过住房表达自我,获得满足感。他们很难在住房中实现自己的个性与自由。并且,住户们的住房成了他人获利的工具,这一点也证实了住户们的确缺少社会权力。

因此,当代社会住房异化给人的体验是缺乏稳定、安全和权力。这种体验产生于商品化、被迫搬迁和失去房产中,而不公平加深了这种体验。住房异化意味着家和住处相脱离,这种体验是痛苦的,甚至是创伤性的。

我们想从异化的概念中提取的思想就是,如果一种人类必不可少的活动受到他人的利用和压迫,社会暴力就不可避免地发生了。如果情况的确如此,那么住房异化和不安全就不是偶尔的危机症状,而是由住房在政治经济体制中所处位置导致的可预见的普遍后果。随着住房的商品化程度越来越高,这些后果会越来越严重。这是因为住房越来越积极回应资本需求,却越来越不能反映出社会对住房空间的需求。只要系统保留其现行形式不变,这些后果就会以这样或那样的方式持续下去。

当今无数人被置于非人性的住房境况下,这是不正常的,也是可以避免的。现代资本社会拥有极为先进的技术能力和逻辑能力,如果将这些能力用于别的目标,可以为所有人建造价格合理、温暖舒适的家。然而,事实上,市场力量控制着住房体系,给极少数人带来利益,却给许多人带来了痛苦。我们需要明白,这一状态同样也是可以改变的。

毫无保障的住所

要了解当代住房异化,只要听听面临失去其住房的那些人现身说法即可。

面临房屋止赎的一位自有房所有者向研究者们描述了他的经历:

> 唉,这整个事件太让人震惊了。一个人连续工作了那么多 ⁶¹ 年,却失去了一切。我可能会推着一辆小车流落街头了。在今天之前,这完全是不可想象的……是呀,压力和焦虑也加剧了导致这个局面的同一个问题。你知道的,所有事情都像第二十二条军规,完全像过山车一圈又一圈地绕。[11]

一位从自家被赶出去的女士同样感到十分震惊:

> 因为我整个人都不一样了。我一直都很紧张,我总是在担心……有时我无法支付账单,有一次家里的电给断了……我生活的方方面面都受到了影响……我真的只是在过日子而已,就

这么一天一天地活着……老实说,我不可能再恢复了。我失去了所有的安全感。[12]

这种事情在许多不同的情况下重复上演着。当前的住房政治经济学造成了焦虑、压力和疾病。这种担忧和羞辱会以身体病症的形式呈现。一位被剥夺住房的女士讲述了其住房问题是如何体现在她个人的健康上的:

> 我不再像以往那样精力充沛,这事都把我榨干了,让人身心俱疲。所有的担忧,所有的债务,所有的一切……我的意思是,自从[说出了一家讨债公司的名字]联系我,我的胸口就一直痛。就是他们联系我之后,我的身体开始出问题,病倒了。[13]

住房体系让许多人觉得自己像是一个被剥夺了家的人:"完了,完了,不仅是破财了,而是觉得完了,彻底完蛋了。"[14]对这些人来说,家是一个不稳定的地方。无数人都有过这种经历。

对当今住房经济必不可少的是,对人造环境进行创造性的破坏,但这又转变为住户们的不安全感和悲惨处境。强制性的流动成为当今住房异化的一种主要形式。

住房成本上涨,投机行为增加,政府项目削减,工资停滞不前,这些因素导致驱逐现象明显增加。在许多地方,驱逐率正接近历史新高。2010年至2013年间,旧金山的驱逐率增长了38个百分点。[15]纽约市房屋法庭的驱逐机构每年要处理35万宗案件。[16]在某些年份,市法警驱逐的租户超过了纽约市租户的1%,并且在统计出这一数据之前,已经有更多的人被迫搬迁。[17]驱逐增加的现象不仅发生在房价昂贵的沿海住房市场,在威斯康星州、肯塔基州和俄克拉荷马州等完全不同的州中,驱逐率也都一直在上涨。[18]

出于类似原因,驱逐率在其他国家也正在增加。[19]在英国,社会福利大幅削减,房租成本高,因此在过去四年里驱逐率增加近半。[20]在世界各地,水坝和桥梁等大型项目,奥林匹克运动会等重大事件,土地掠夺和资源开采,都会造成大规模驱逐。据估计,1988 年汉城奥林匹克运动会造成了 70 万人被驱逐。[21]在 2016 年奥林匹克运动会之前,里约热内卢超过 2.2 万个家庭已经被重新安置。[22]

驱逐现象增加给个人及社区带来了破坏性的不稳定浪潮。驱逐就是房产所有者无视居民需求,以暴力主张其作为房产所有者的权利。威胁驱逐是房东支配住户的方式之一。住房研究人员已经证实,驱逐会给人带来创伤体验。被驱逐者们被迫在紧张的环境中重组社交人脉和职业关系。一些被驱逐的家庭由此走上不同的道路,各奔东西。失去家的经历及许多个人财产的丢失,会给人带来恐惧、耻辱和焦虑。许多研究表明,对于一些人来说,被驱逐直接导致了无家可归。[23]有一项研究将被驱逐的单身母亲同未被驱逐的单身母亲进行对比,发现被驱逐的单身母亲患抑郁症的概率更高,她们和她们的家庭会遇到其他健康问题,在经济上也会更加困难——即使是在被迫强制搬离两年后,单身母亲们也仍然能感受到这些后果。[24]

房屋止赎的异化影响和驱逐产生的异化影响相似。驱逐是由房东发起的,房屋止赎是由放款人挑起的,都属于房屋强占。

和驱逐一样,房屋止赎不是集中在房价昂贵的沿海城市,而是分布在美国各地,无论是城市还是郊区和农村地区的住户,对中产阶级、工人阶级和贫穷家庭都造成了影响。[25]和驱逐一样,房屋止赎也意味着住房的交换价值支配其使用价值,导致了相似的异化后果。在房屋止赎的威胁下,自有房所有者经历的"根本风险"破坏了其身心健康。[26]身心不健康通常会引发房屋止赎,而房屋止赎本身会加重健康问题。压力、焦虑和恐惧带来的住房不安会以病症的形式显现。[27]

在房屋止赎数量不断增加的社区,往往心理健康问题发病率会剧增,这种关联在较贫穷地区和有色人种社区更为突出。[28]

　　无论是由驱逐、房屋止赎、城市更新、绅士化还是其他原因造成,搬迁都是一种毁灭性的经历。《为失去住房默哀》(Grieving for a Lost Home)是一篇探讨搬迁之痛的经典文章,作者马克·弗里德(Marc Fried)记录了一些研究对象被强制搬离工人阶级居住的波士顿西区后做出的反映:

　　　　"我觉得好像已经失去了所有东西""我感觉心被掏出来了""我都想要开煤气自杀了""我失去了所有朋友""我一直还想回到西区的家中,现在从那儿经过的时候我会想哭""我的一部分也跟着西区一起消失了""我觉得被欺骗了""想这些又有什么用呢……我抛弃了许多东西""我有过一次精神崩溃"。[29]

　　弗里德的描述得到了精神科医生兼住房研究者明迪·弗里洛夫(Mindy Fullilove)的认可,她认为被迫搬迁造成了所谓的"根源性冲

击(Root Shock)……即个人情感系统遭遇破坏产生的创伤性应激反应"[30]。在当代住房体系中,这种创伤在日常生活中司空见惯。

不安全的经历

住房异化首先表现为不安全。正因如此,住房异化使得其他生活领域的难题变得更加艰难。当住房不安全时,人们会待在他们本不愿意做的工作岗位上,或者他们被迫做两份或三份工作。住房不安全迫使一些人留在不愉快或虐待性关系中,一些家庭因此无法共同生活。工人被迫忍受让人精疲力竭的通勤。孩子生活不稳定,学校教育被打断。

据英国一家住房慈善机构统计,三分之一的成人表示,住房给他们的家庭造成了压力,带来了绝望。四分之一的成人表示,住房成本问题增加了家庭成员之间争吵的次数。[31]住房成为一个难题时,平常的焦虑和日常的不幸开始被放大,生存艰难的感觉变得难以承受。

如今,许多住户因为住房感到焦虑。但是对于最贫穷的住户而言,住房不稳定会在深层次上带来冲击。住房研究人员理解住房异化和去异化的一个途径,就是通过使用苏格兰精神科医生 R.D.莱因(R.D. Laing)提出的"本体安全感"(Ontological Security)的概念。[32] 所谓"本体安全感"指的是感觉世界的稳定性是理所当然、毋庸置疑的,让我们在周边环境中感到放松。这种安全感是我们的情感基础,让我们在自己的住所中获得家的感觉。本体安全感是一种主观状态,但是取决于一系列的结构条件。本体安全感假定住户能稳定地获得在其掌控之下的住处,假定了一种特定的阶级地位,这使日常生活的稳定重复成为可能。本体安全感还意味着存在一种有效运行的家庭经济,必定会对性别角色和劳动报酬提出质疑。它受到法定权利支持,维护家作为个人主权领域的神圣性。究其本质,本体安全感是完备的政治公民权和社会公民权——这长期以来被视作精英、男性以及白人的特权——必然会导致的社会心理。

对于贫穷的住户而言,现行的住房体系似乎是专门为产生住房异化而设计的,而不是为本体安全感而设计的。

无家可归也许是住房异化最极端的方式。在街上或在避难所里,无家可归的个人和家庭无法获得住房安全感。失去家的人遭受来自陌生人和警察的暴力,失去了基于住所的社会权利。无家可归者确实采取了一些策略,来应对和反抗他们的边缘化。尽管他们没有稳定的住房资源,但是他们无视自己的居住境况,仍然采取了抗争。

无家可归并不是城市生活中的偶然事件——它是住房体系的一个主要部分。过去,无家可归者主要是个体,而现在却是整个家庭。家庭占据了纽约市避难系统总人数的80%。过去一年,仅纽约就有4.2万名儿童至少有一晚流落街头。[33]现代无家可归反映了低收入者的居住不稳定。社会服务的削减、租金管制的逐渐消失、公共住房项目的不断缩减、绅士化,这些因素共同导致了这一局面。[34]

那些并非无家可归却处于住房等级制度最底层的人,同样没有居住安全感,或许他们也曾经历过无家可归。[35]这包括无数几乎不能守住他们住所的人:有的和朋友、亲戚挤在一起,有的住在青年旅馆等临时住处,有的想其他临时、短期的办法,过一天算一天。[36]

不安全性也存在于低收入住房*市场的其他部分。不受管制的非法改建世界被称作纽约市住房体系中的"地下社会"。[37]这些约占纽

---

* 低收入住房(low-income housing),顾名思义,即为低收入个人及家庭提供的住房。——编者注

约市四分之一的住房保有量，为多达 50 万人提供住处，换句话说，每25 个纽约人中就有 1 个住在"地下社会"。[38] 这些公寓大部分不在市区，而是在外围的郊区，据说这些公寓的近四分之三都位于皇后区。在长岛以及其他郊区，成千上万的地下室和房间已经被改造成非法公寓。[39] 其他大部分城市也有出现类似情况的。

这些住房单元为低收入的纽约人提供了主要的住房资源，尤其是新近移民。但是，这些居住场所是危险的，它们往往过度拥挤、粗制滥造、价格比较昂贵。伍迪克雷斯特大道的火灾类事件表明，这些住房非常危险。2009 年，伍德赛德(Woodside)一所非法改建房发生火灾，导致三人丧生。同一周末，赛普里斯山(Cypress Hills)一幢自由租金的寄宿公寓发生火灾，导致一人丧生。[40] 2010 年，班森贺(Bensonhurst)一栋非法改建的公寓楼房发生火灾，导致五人遇难，一名婴儿头骨开裂，房东随后被控告过失杀人。[41] 2013 年，杰克逊高地社区(Jackson Heights)的一位房东因多项罪名遭到指控，其中包括过失危害他人安全罪。因为该房东让近 50 人居住在设备简陋、非法隔断且消防出口不足的地下公寓中。费尔南多·卡马诺(Fernando Camano)是其租户之一，他和他的妻子、三个孩子以及两个寄宿者一起，居住在一套非法改建的三居室地下公寓中，每月支付租金 1 400 美元。卡马诺告诉一名记者，他"从来都感觉不到安全"。[42] 一个人在自己家中却从来感觉不到安全，这就是最根本的本体不安全感。

一个异化的家庭环境是可预测的，这是房东们故意不维修住房导致的。牧师兼活动家约翰·波伊斯(John Powis)曾提到布什维克地区的一栋大楼。该大楼年久失修，其所有者是一家名为"快钱"(Fast Money Now)的有限责任公司。他说，"住在那儿也未必比避难所

72

好"。[43]社区组织者描述了布什维克地区一间相似住房的内部环境:

> 空气里充满了严重的霉菌和腐烂的味道,导致呼吸急促和其他呼吸道疾病,比如哮喘。墙壁被啮齿动物啃穿,而在工作台、桌子、墙壁和地板上,蟑螂和捕蟑螂的工具随处可见。天花板和墙壁漏水,照明设备和电插座都生锈了,这极易使住户触电甚至危及生命。因为房东的疏忽,一层又一层的油漆和地板暴露了出来。[44]

73　　　类似这样的建筑中,投诉无人回应,维修要求无人理会。如果房东们最终决定维修这类建筑以抓住新的市场机会,他们就会大幅提高房租,迫使低收入租户收拾行李走人。

　　　低收入生活已经足够艰难了,但是,他们的住房与想象中完美的中产阶级郊区住房不同,因此还要被外界的观察者们污名化,这进一步加深了异化的感觉。一位公共住房开发区的住户描述了其遭受侮蔑的经历:"那些不居住在公共住房里的人,甚至不必了解你是什么样的人,只要你告诉这些人你住在哪里,他们就会把你想得很不堪……你很脏,你次人一等,你很穷。"[45]居住在被污名化的地区或住房所带来的耻辱,是一种象征性阶级暴力,在已经不安全的居住境况上又加了一层社会带来的耻辱感。[46]

74　　　在美国,住房是尊严和稳定的关键。这种说法根深蒂固。但是,在大多时候,在大部分地方,这种说法仅仅描述了精英们的经历。穷人、以女性为户主的家庭、有色人种家庭仅仅短暂地得到过本体安全感。[47]在居住过程中,没有重大困难、不用提心吊胆,能相对容易地组建一个家庭,使之成为心理和经济安全的空间——这种自由如今已成为一种特权。

所有权和房产异化

关于住房异化，政治领域和经济领域的当权者做出的标准回应是，重申自有房在心理和社会方面的优越性。詹姆斯·麦迪逊(James Madison)宣称："永久拥有土地的人们将会是共和主义自由最安全的保管人。"[48]美国前总统巴拉克·奥巴马(Barack Obama)将"负责任地拥有房产"赞美为"最坚实可靠的基石，是美国梦的核心"。[49]美国政治历史上并不缺乏对私人拥有住房的赞美。其他国家的民族信念通常也是基于类似的叙述。

自有房被描述成解决异化的良方，它必然会产生住房满足感和本体安全感。英国政府在1971年的一份立场声明概括了这一观点："住房所有权……满足了房主一个深切的本能愿望，即独立支配为他自己及家人遮风挡雨的住房。"[50]商人兼美国参议员查尔斯·珀西(Charles Percy)在竞选宣言中直截了当地表达了这一情绪：

> 一个拥有自己住房的人也就随之拥有了新的尊严。他开始以自己所拥有的一切为傲，并因为替子孙保有并改善这一切而感到骄傲。他对社群更忠诚、更关切。他变得更自信、更自立。仅仅变成房主这件事就让他改头换面。这给了他立身之本，给了他归属感，并让他感觉到自己的利益与社区及社区的福祉息息相关。[51]

在这里自有房被描述成一种有魔力的保有权形式，能让住户"改头换面"。对参议员珀西和当今很多的政治家和住房运动者而言,住房私有制不仅仅是提供居住空间的一种方式,它是一种授权形式,是尊严的标志,还是克服社会孤立和隔阂的方法。

自有房真的能够解决住房异化问题吗?一个人居住的地方由外人直接控制,当然会产生异化影响,这一点很难否认。小气的房东、没有回应的管理公司、非自住业主以及专横的政府雇员,都是这一问题的体现。单纯从法律角度或社会心理角度来看,居住在他人的住房中就是异化。生活在另一个人的控制下,既不舒适也不安全,相信这一点并不用太多的研究或论据。

但是住房异化和保有权之间的关系并没有这么简单。首先,所有权是一个复杂的社会和法律概念。我们认为一个人的家就是他的王国,但所有权并没有如此绝对的地位。所有权是公共政策、政府行为、社区变化、经济条件、城市预算、保险费率、保险管制、银行政策、社会标准、技术发展等种种因素的创造物,也随时受到这些因素变化的影响。所有权包括的诸多权利、权力、特权以及豁免权,会随着时间和地点的变化而变化。[52]将租约变成房契,仅仅这一转变本身给房主带来的一系列权利,并不一定比租户所拥有的权利更大。房主的房契在许多情况下会受到巨额抵押贷款的影响,那么相比之下,一份受到法律有力保护的稳固租约,就能够提供给租户更多安全感。许多地方的法律不能让租户拥有充分的安全感,租户面临的法律情形倾向于让他们得到比较少的安全感,从理论上讲,这种失衡是可以调整的。

事实上,保有关系最重要的属性,更多地受制于住户的特点以及所有权所处社会的特征。正如前文所说,一个人在家中感到安全,这是本体安全感的重要前提,与住户的房契内容相比,这种安全感更多取决于警察对住户的态度。公共服务、管理占有权的相关法规、社区特性，还有更为重要的财产分配、住房法的实质、社会保障的获取，这一切都远比保有权形式更加重要。

其次，自有房的经济利益和社会利益很容易被夸大。阶级地位和保有权的联系在不同的历史阶段和不同的国家有很大差别。[53]房主的经济优势远没有许多人认为的那么多，也没有那么稳固。在一些国家，所有权包括税收优惠，但这些税收优惠并不是保有权本身带来的，而是政策的产物，政策是极容易改变或废除的。

所有权无法保证稳定性，无数近来因房屋止赎失去住房的人，对这一点再明白不过了。如果没有稳定的收入来偿还抵押贷款，或者有任何事情妨碍了工作能力，那么所有权就会招致灾祸。一位承受着抵押贷款压力的女士告诉调查人员："我总是待在我的房间里。我过去结交的朋友真的一个都没有了，而且我也不经常出去，我总是在想，如果我失去住房，流落街头，那会是什么样子。"[54]另一位面临债务偿还问题的房主表达了相似的情绪：

> 我跟你讲，冲动的时候我都想自杀。我想把自己的头打爆，这是一个能摆脱一切的简单方法。要知道，这实在让人受不了。一个人搞不定那么多事的，而且我跟你讲，当你有情绪压力的时候，痛苦是不会走的。[55]

对于这些女性而言，自有房很明显并不是解决住房异化的良方，而恰恰是住房异化的原因。

一些研究证明，拥有住房与一些生理及社会心理健康措施并存。

但是其他研究表明,所有权本身并没有带来更好的情绪或者更好的健康。[56]相反,较富有的人会更有安全感,并且他们往往也是房主。所有权不过是保有权形式,并没有什么神奇之处。

认为房主能造就更好的邻居和社区成员,这种想法是阶级偏见,也是很常见的误解。[57]如今的自有房通常位于具有高度排他性的环境中,例如公寓和封闭式住宅小区,这些地方经过专门设计,以防止和他人见面。炒房和投机都表明,私人拥有住房可能比租赁使用住房的时间更短暂。

自有房的经济层面诉诸一个狭隘的实用逻辑。从根本上来讲,这种逻辑对他人的命运是漠不关心的。如果房子仅是一项投资,那么其价值就取决于其拥有者能从中得到什么,所有者与邻居是什么关系无关紧要。小型房地产资本家最想看到的,也许正是社区住房短缺或住房过度拥挤。

最后,自有房与社会不公和私人财产的大系统密不可分。毕竟首先产生社会异化和住房异化的就是这一系统。起控制作用的局外人可能会是银行,或是看似没有实体的"市场力量"。尽管如此,它们还是起到了控制作用。在一个不平等的、过度商品化的世界里,业主自用住房也会异化。

自有房并不能避免交换价值和使用价值的分离,而这种分离是异化的基础。增加自有房无法解决住房问题。一些人利用房产所有权可以发财,但这种可能性仍然是以他人的贫穷为基础的。我们看到,与德国或瑞士这种租房者相对更多的国家相比,那些在私有房产上投入更大的国家,如美国、英国,其住房体系也未必更人道。调查显示,那些私有房产更多的国家,其住房体系反而更不人道。[58]

在谈到关于中产阶级异化的程度时，马克思曾说过：

> 有产阶级和无产阶级同是人的自我异化。但有产阶级在这种自我异化中感到自己是被满足的和被巩固的，它把这种异化看作自身强大的证明，并在这种异化中获得人的生存外观。而无产阶级在这种异化中则感到自己是被毁灭的，并在其中看到自己的无力和非人的生存现实。[59]

我们可以提出一个与住房有关的相似论点。租户没有保障，容易受到房东随心所欲的想法的影响。而那些拥有自己住房的中产阶级，看起来似乎避免了这种异化，觉得他们的住房条件体现了自己的才华和成就。但是，他们依旧生活在一个非人道的住房体系中——他们仅仅是用自己的资源在这个住房体系中建造一个更宜居的角落。正如我们所看到的，这种可靠性瞬间就能瓦解。中产阶级房主的地位体现的是他们在一个不平等的社会结构中所处的位置，而与他们的个人美德或住房条件无关。

富有的家庭更有可能拥有住房，而不是租赁住房。这有许多原因，但是都和住房保有权本身无关。住房是富人通常会做的众多投资项目之一。房产持有人在充满竞争的经济中有策略地利用其住房，用其来代替已遭到削弱的养老金和其他社会福利。在一个由有房者阶级统治的社会中，拥有房产自然会受到特殊待遇。

换句话说，自有房既是不平等的体现，也是不平等的实现途径。在没有结束不平等的情况下增加自有房，并不能终止住房异化。它只会导致更多人负债，让更多人缺乏安全感。

没有保障的租赁可能会是一段特别痛苦的经历,在社会动荡时期尤其如此。上述观点并不是要否认这一点,我们要否认的是认为自有房可以减轻全社会异化这种观点。

总而言之,住房权利和住房异化之间的关系并不简单。租赁会是一段非常不稳定的经历,尤其是在一个商品化和金融化的住房体制中。但是,自有房可以同样折磨人,同样具有剥削性。以为只要变成房主就能改头换面,就能解决住房问题——这种观点不仅是错误的,而且是有害的。

住房去异化的可能性

很多美国人通过引用某些神圣的、通常没有具体说明的自由理想来证明自由市场规则不受约束。但是,加大市场力量对住房的控制,却使人们越来越没有自由去选择自己希望的居住方式和地点。

当今的住房问题需要在适当的人的背景下进行理解。一个真正人道的住房体系会以每个人真正安居乐业的程度来衡量自身的成功或失败,而不是以住房价格的高低或是大型公寓的数量来衡量。尽管美国政治中住房和家庭观具有意识形态上的意义,自由主义和保守主义都未曾清楚地表述过其在住房上的政治立场。[60]

正如在当代生活的许多领域一样,一个人的危机正是另一个人的商机。房地产行业一心兜售生活方式,将它作为一种解决住房异化和地位焦虑的措施。无数电视节目和杂志的唯一目的都是宣传一种理想:住房改善就是自我实现的精髓。正如我们已经看到的,风靡一时的家庭消费主义,只是更大范围内关于私有财产和国家命运的意识形态的一部分。但是,靠消费不可能得到摆脱异化的方法,因为消费不足并不是异化的基础。异化的基础是将住房和人的其他体验商品化的制度。

就像"破碎"这个概念包含着完整的可能性,欧内斯特·曼德尔(Ernest Mandel)提醒我们,对异化的描述"暗含着去异化理论"[61]。那么,住房去异化是什么样子呢? 要让所有人在自己的住所中有家的感觉,需要改变什么呢?

异化或许在现代政治经济中根深蒂固,但是住房体系的去异化、民主化以及人性化,依旧是有意义的诉求。去异化,意味着以给所有人提供住房稳定和本体安全感这一目标为中心,重组住房体系。要以这种方式改变住房体系,就需要在法律上做出改变,以确立住户相对于房东和银行的优势地位。例如,可以削弱房屋所有人驱逐住户的能力,或者在房主因无力偿还贷款而无法赎回房屋时,可以让房主选择留在自己的住房中,成为有保障的稳租房租户。这需要扩大公众保有权、非营利性保有权以及集体保有权,也就是说,让租户和住户掌控他们自己的住房,掌控影响他们的重要决定。

对住房进行去异化的要求——建造住房不是为了赚钱,而是为所有人提供体面的居住空间——与新自由资本主义下的住房体系是格格不入的。

第三章　住房中的压迫与自由

　　纽约市房屋局(New York City Housing Authority)的第一任主席兰登·波斯特(Langdon Post)是从最宏观的角度理解住房问题的。他于1936年写道,"让我们直面事实","一切革命都是在贫民窟中滋长的,每场暴乱都是贫民窟的暴乱……依我之见,这是一个与住房有关的问题——要不就糟糕了"。[1]波斯特是一个改良主义者,他寻求纽约市政治当权者和金融权威人士的支持。他认为公有房是减少苦难的一种必要干预,同时也是一种解决矛盾和预防暴乱的方法。

　　住房始终不仅仅是住房。它提供了安身之所,但也具备其他功能。与居住无关的各种住房角色很多,其中最重要的是作为政治工具,而且不限于紧张的危机时刻,如纽约的20世纪30年代。在一切社会背景下,居住空间都会使权力关系结构化。住房可以用来维持社会秩序,或者支持对社会秩序的质疑。住房是如何作为社会政治斗争的重要组成部分的? 如果不考察这一点,就无法理解现有的住房模式和未来可能的变化。

　　自由派评论员和保守派评论员往往都会忽略住房的政治方面。解读如今的住房问题,有两种常见的方法,但这两种方法都把政治斗争和社会斗争的因素排除在住房问题之外。

一种常见的方法是承认住房问题的存在,但认为这只是住房条件较差的特定人群特别关注的事情,而整个住房体系是运转良好的。[2]该方法将穷人、老人、少数民族和单亲家庭想象为特殊群体,专注于讨论他们的特性,并且想办法将他们纳入现行住房市场中。往好处说,这种方法用很多互不相干的单个问题掩盖了住房体系的全面失灵;往坏处说,这种方法是把过错都推给了受害者。

另一种常见的方法是将住房问题简化为经济问题。其中最简单的做法是用供给和有效需求来解释住房的不足。[3]这种观点认为,要是开发商能更自由地建造楼房,要是每个人都拥有更高的工资,那么住房问题就迎刃而解了。这两种解决方案其实都不过是"增长",而没有触及住房体系和更大范围内的政治经济问题。一些激进的都市分析者也可能犯下同样的错误,将住房问题简单理解为经济学问题。[4]

这两种方法都未能解释实际现存住房模式的许多方面,例如种族隔离的持续存在、住房设计的性别歧视、租户组织的优点和局限,也未能解释对自有房进行歌颂的全部意识形态意义。以上因素都会影响到住房单元的经济层面和物理形态,但绝不仅仅是这两个层面的问题。这些因素与存在于资本主义社会核心的各种社会对抗有关,因此,必须在阶级权力、种族主义、父权制等形式的结构性暴力的大背景下,对住房体系进行分析。

说住房问题是政治问题,就是说争夺居住空间,与争夺权力、资源、自治权、能动性密不可分。住房问题不仅仅是谁住什么房子的问题,也不仅仅决定于追逐利润的住房供应商的直接利益。住房问题同样也产生于阶级、机构和国家之间的斗争中，并成为他们相互斗争的手段。

　　无论如何，住房总是具有政治性的。关键在于，要对利用住房达成的目标进行识别、批判和改变。我们要理解居住空间如何成为压迫手段，并且提出替代方法，以释放住房解放民众的潜能。

住 房 压 迫

　　住房可以为压迫、统治和不公提供物质基础。住房压迫这一概念表明住房的提供和统治权力之间的关系，它指有计划、有步骤地努力利用住房和居住质量来增强政治稳定性，加大剥削，减少反抗，施行文化统一，加强现行制度的合法性。这一概念强调的是：通过住房，限制机会、指定角色、制止抗议、形成统一、减少反抗，将住户置于等级分明的社会体制中。

　　压迫不仅是私人为逐利而提供住房的结果。显然对于很多人来说，尤其是穷人，这个体制的确造成了恶劣的居住条件，甚至到了压迫的地步。但这样恶劣的居住条件，并不需要用额外的压迫概念来解释它。

　　居住空间会带来压迫，这一特性与其商品形式共存。但是这种压迫性并不是一个纯粹的经济交换问题。压迫的可能性源自住房作为一种商品的独特性以及住房使用的重要性。人们非常熟悉住房的这种独特性。住房是最耐用、最昂贵的消费品。它在很大程度上与土地以及住房位置有关。住房的供给一旦低于既定标准，就会造成严重的个人后果和社会后果。[5]

不过,住房又不同于其他商品,因为它是以独特方式组织社会生活的。当然,其他商品也有经济以外的意义。例如,衣服能御寒;珠宝能展现美的概念,也是身份的体现;汽车既是交通工具,也是地位的象征。不过,和其他任何商品相比,住房更是一个人获得社会资源的重要决定因素。住房在很大程度上强化了居民、社群和机构之间的联系,并因此最终创造了权力关系。住房的这种用途丝毫没有减少其作为商品的属性。但是,这一用途意味着绝对不能仅仅将住房视作商品,否则将无法理解住房的建造、分配和使用,更不用说改变了。

住房主要的压迫用途之一就是巩固对劳动的剥削。[6]"工业镇"反映了从方方面面控制工人生活的愿望,这一点从一些城镇的设计中就能看出,比如,现已并入芝加哥市的伊利诺伊州普尔曼镇,阿尔弗雷德·克虏伯(Alfred Krupp)控制的鲁尔河谷的埃森市。工人聚居地(他们的雇主是这样称呼的)是为了培养"健康、满意、稳定、忠诚的工人"。但在这些地区,监控是最重要的,驱逐之威胁的始终存在,有效地削弱了工人的组织能力。[7]

与当今一些海湾国家的工人宿舍相比,克虏伯控制的埃森市看似非常舒适。迪拜郊区的索纳帕尔(Sonapar)等劳工营地,为那些在城市中心建造豪华摩天大楼和旅游景点的流动建筑工人提供住处。在劳工营地中,居住空间能够遏制抵抗,对那些被剥夺了权利和自由的工人持续施加控制,以此来巩固剥削。[8]工人们睡的是双层床,一个房间最多住 20 人。一些劳工营地中,工人们只能从公司食堂获得食物和其他必需品。他们被禁止进行娱乐和社交活动,个人行动受到严格控制。老板没收了工人们的护照。劳工营地成了真正的监狱,

90

91

以阻止工人们抱怨他们日常受到的侵犯。[9]

这种直接的剥削不是住房唯一的压迫作用。在其他情况下,住房的建造可能是为了提供更普遍的社会压制。国家和地方领导试图控制那些问题人群,其手段是将这些人的住处隔离、集中或重新设计,这样就更容易监控他们。最著名的例子就是奥斯曼男爵(Baron Haussmann)曾破坏了法兰西第二帝国时期工人阶级位于巴黎的住所。奥斯曼试图消除居住社区发挥的反抗中心的作用。他拆毁了能设置路障的狭窄街道,用更易控制的营房和广场来替代。一位目击者谈论军事化的共和国广场时说:"对于任何有造反想法而冒险在这里采取行动的人而言,这里都是一个危险的地点。"[10]

当今,在全世界的各个城市,以国家为主导的重建项目与奥斯曼对危险阶级(*les classes dangereuses*)的报复如出一辙。[11]伦敦的哈克尼(Hackney)和托特纳姆(Tottenham)等地方,在 2011 年暴乱中表现突出,因此要对这些地区进行更大规模的绅士化和再开发。美国很多城市进行了城市更新,以应对暴乱和他们察觉到的对社会秩序的威胁。巴黎郊区压迫性的布局有助于警察进行监视,尽管这种布局助长了不满的情绪,引发了最初的矛盾。[12]在伊斯坦布尔,围绕塔克西姆广场(Taksim Square)和塔拉巴西(Tarlabassi)进行的重新开发,看起来是为了安抚那些被认为混乱和不服从管理的地区。在拉丁美洲的一些城市,不正规的社区长期以来被视作暴乱的温床,因此需要拆除。

在一些更加极端的情况下,为了进行集体惩罚或军队占领,住房成了直接目标。"建筑屠杀"(Domicide),或者说是对家园的蓄意破坏,可用来维护领土主权,抹去一个竞争群体的地方所有权。[13]

"蓄意破坏家园"这一手段的使用,贯穿了整个欧洲殖民史,现在仍然是一个全球性问题。[14]近来的例子包括 20 世纪 90 年代发生在波斯尼亚的冲突。在一定程度上,这是一场"国对家"的战争,其中一个军事目标就是摧毁"波斯尼亚居住方式"。[15]1967 年以来,以色列国防部队摧毁了巴勒斯坦人民位于约旦河西岸地区和加沙地带的家园,国际特赦组织等人权组织将这一情形视为"集体惩罚"。[16]据联合国统计,在以色列民政管理局发布的破坏命令下,1988 年至 2014 年间,仅在约旦河西岸的某处地区,就有 14 000 多名巴基斯坦人的家园被摧毁。[17]

蓄意破坏住房是野蛮行径。但是认为住房压迫只出现在战争或国内动乱时期是错误的。相反,应该将压迫看作当今世界许多国家住房体系一个糟糕的常规部分。

在关于绅士化的争论中,与其他问题相比,逼迁具有压迫性并没有受到充分关注,尽管这同样值得注意。昂贵的不动产不一定能满足大部分人的居住需求,但是对于希望消除分歧、吸引全球资本的市政府来说,它同时具有经济和政治优势——危险阶级被消除的城市不会发生叛乱。住户越是被要求去工作,努力不落后,就越只关注生存问题,避免因负面制裁而被迫搬迁。

过度商品化的城市一定会是一个充满压迫的城市。有一种住房不是家,而是仅仅以住所形式呈现的财富。这样的住房不需要任何服务,不会提出任何要求,对统治秩序不会造成任何威胁。全球各个城市的中心都存在着一些地区,因闲置着豪华住房而如同墓地一般安静。商品化不仅仅是资本积累的策略,它也是一种统治手段,既是经济问题也是政治问题。

压迫和所有权

　　住房的压迫效果不一定要通过暴力。在一些情况下,住房压迫对受影响的人而言可以是相当友善的,至少在短期内如此。正如监狱是对暴动的惩罚,好的住房可以用来奖励顺从者。例如在苏联,承诺高品质住房是得到政治服从的一种途径。[18]同样,在许多美国城市,有关住房的信息分配和社会关系是统治机器不可或缺的部分。在不平等制度中,特权是贫困的对立面,让享有特权者面临贫困的威胁,是使特权阶层保持忠诚的一种途径。

　　当今各种保有权形式中,私有权享有最大的特权。自有房在美国意识形态上的重要地位,最终可以通过其政治层面进行解释。自有房居于统治地位有很多经济原因,但对所有权的狂热追求表明,它在政治方面发挥着更大的作用。[19]

　　当权者早已意识到自有房的政治功能。在斟酌北美殖民地土地保有权时,英国枢密院于1772年就宣布:"经验证明,拥有房产是政府得到充分服从和归顺的最好保证。"[20]对选举权进行财产限定,在封建社会早有先例。但是长久以来,它一直被认为是民主不可分割的一部分,并且这种财产资格加强了美国早期对无资产人士权利的剥夺。财产资格有助于将危险的乌合之众和民主的国民区分开,后者因为拥有房产,所以被认为是真正的公民。财产资格确保那些拥有投票权的公民绝不会去扰乱体制的稳定性。

　　在20世纪,自有房不仅被看作保持消费主义心跳的重要思想良药,还被视为预防激进主义的疫苗。住房经济学家霍默·霍伊特

（Homer Hoyt）在 1966 年直截了当地说明了这个问题："在一个由自有房房主组成的国家中，共产主义永远无法获胜。"[21]玛格丽特·撒切尔（Margaret Thatcher）提出"财产所有的民主制"（property-owning democracy），其核心是自有房的政治性。乔治·W.布什（George W. Bush）描述了一个类似的社会图景，称其为"所有权社会"（ownership society），其核心也是自有房的政治性。自有房是个人成功和社会稳定的关键，这种观念明显存在于巴拉克·奥巴马及戴维·卡梅伦（David Cameron）的住房政策中。卡梅伦显然重复了撒切尔对房产所有权的推崇——尽管在过去的十年中，自有房显然没有缓解住房问题。

住房私有制的盛行在很多方面符合统治阶级和统治群体的利益。[22]自有房促进了统治系统的经济利益和政治稳定。自有房通过"在系统中占据一席之地"的可能性抑制了反抗的可能性。[23]特别是在美国、加拿大、英国、澳大利亚等国家，自有房拥有率很高，因此它在维护稳定方面有着非常重要的作用。在大萧条和 2008 年次贷危机期间，尽管住房造成的痛苦波及范围很广，但也不足以使美国政府采取行动。然而，一旦形势可能转变为更广泛的国家合法性危机，政府便迅速采取行动以改善局面。自有房维护了社会和政治秩序稳定，但也维护了一个实际上让很多人不能忍受的住房体系。

拥有自己的住房为一些人提供了经济保障。对于富人来说，在工作阶段还清抵押贷款是存钱养老的一种方式。但对许多工人阶级住户和中产阶级住户来说，把对自有房的投入当作获得体面住房唯一可行的方法，是具有压迫性的。偿还房贷的持续负担是一种经济困难，迫使他们违背个人意愿，将更多的收入分配到住房上，不得不超时工作或另找兼职。

　　自有房带来的经济负担会造成政治后果。艾利斯·马瑞恩·杨（Iris Marion Young）称："为了实现拥有一套理想的住房这一目标，工人们投身工作，劳碌不止，恐惧失业，时常加班。公民个人主义的、由消费驱动的欲望，往往造成政治寂静。"[24]所有权限制了家庭成员参与其他活动的机会，同时也限制了他们参加其他活动的意愿，尤其是参加可能涉及社会冲突的集体活动的意愿。而且，住房的私有化和个性化导致了问题的内化。如果出现什么问题，就会认为负有责任的是个人，而不是社会结构或政治结构。

　　自有房的霸权也在其他方面维护着体制。自有房可以展现单个家庭利益与房地产行业利益的一致性。自有房通过减少不动产价值这一威胁，加强了政治操纵。自有房减少了人们对国家行为的要求，这是由于不断上升的房价被认为是对社会服务不足的弥补。最重要的是，它让房主们认为，如果保持房源稀缺，维持住房危机，支持尽力维持高房价的政治党派，他们便有利可图。在不稳定时期，所有权仍是让一个不公平的体制获取支持的最佳工具。

住房压迫的交叠性

　　利用住房维持现状是普遍的做法，但不同人经历的住房压迫是有差别的。住房体系以复杂的方式与社会分层及排斥交叠。[25]与其他人相比，贫穷住户受到的压迫更多。这种体验与其他社会分层和社会身份是交织在一起的。但是，除了收入带来的影响外，各个群体还面临着不同形式的住房压迫。

正如女权主义者早就证明的那样，住房和父权制是紧密联系的。由于劳动的性别分工，家庭也应当视作一个斗争的场所。[26]历史上，家庭内部的性别冲突根植于"工业资本主义的两个特性：家庭空间与公共空间的实体分离，及家庭经济与政治经济的经济分离"。[27]女性被局限于家庭内部，从事剥削性的艰苦劳作。夏洛特·帕金斯·吉尔曼(Charlotte Perkins Gilman)于1898年写道，由于"女性在家庭中的劳动，她们是社会的经济要素"。不过，"无论女性的家庭产业经济价值是什么，她们都得不到这些价值"。[28]工作场所与家庭的空间分离，单个住房单元内家庭劳动的私有化，都加强了这种形式的性别压迫。

在从事有偿工作的劳动力总人口中，女性如今所占的比例比以往任何时期都要大。但是很多女性工作之后，回到家还要继续做家务。除了家庭劳动这个问题，住房还可以用很多方式加剧对女性的压迫。例如，女性可能会遭受房东的性骚扰和侵犯，这种压迫形式没有像职场性骚扰那样受到广泛讨论，但事实上，这是对家庭空间的一种令人惊恐不安的侵入。[29]女性户主的家庭不得不应对歧视，并且她们会被污蔑为有害的"问题家庭"。[30]当然，并不是所有的女性都遭受着同样形式的住房压迫。同性恋女性和跨性别女性、残疾女性、年迈女性、有色人种女性，都在住房方面遭受着不同形式的排挤和欺压。

住房与制度性种族歧视同样密切相关。对于有色人种的社区来说，住房可以用来剥夺他们作为现代公民的基本民主权利，而在其他社区，这些权利被认为是理所当然的，其中包括良好的教育设施、就业机会、使用交通工具以及警察和法院的公平对待。

在美国，房地产始终和种族交织在一起。反黑种族主义和白人至上主义是住房体系的基础。住房管控和住房隔离已被用于压榨黑人的劳动，瓜分他们的资源，削弱其政治权力。这种模式的例子比比皆是：内战前的美国南北部的居住环境、黑人隔离政策、法律或事实上的住房隔离、歧视、城市更新，以及在今天的城市中仍然屡见不鲜的掠夺性贷款、不平等的监禁率和对非裔美国人的暴力执法。许多美国白人可能更喜欢将这个故事看作一段陈旧的历史，但是，有色人种的社区仍然面临着不同形式的住房压迫。[31]种族隔离仍然是全美的主要问题。[32]非裔美国人和拉丁裔美国人，无论是租户还是房主，都仍然因为种族歧视而被收取额外住房费用。[33]

人们普遍将住房理想化为有自由、受保护的空间，这是用住房神圣性掩盖了种族主义的不平等。奥菲莉娅·O.奎瓦斯（Ofelia O. Cuevas）说，在美国，"家能够为白人提供保障，以免他们遭受国家和法律之外的暴力"，而黑人和棕色人种的家"从来没有提供过这种所谓的保障"。本体安全感是有色人种住户享受不到的特权。他们的住房从来没有被视为不可侵犯的庇护所。因此，"看到黑人和棕色人种的家遭到警察的日常暴力，且通常带有致命的后果，对此，我们也不应该感到惊讶"。[34]近期最大的一桩悲剧事件发生在2010年5月16日的底特律。警察在搜寻一名嫌疑犯时，使用了闪光手榴弹并闯入了一栋非裔美国人的住宅。在此过程中，警察射杀了当时正在睡觉的7岁的艾亚娜·斯坦利·琼斯（Aiyana Stanley Jones）。有色人种的家一般是使用准军事武力搜查的首要目标。[35]

种族和性别显然并不是仅有的与住房压迫和住房剥削有所交叠的社会范畴。例如，在多伦多，一些艾滋病病毒检测呈阳性的母亲，都来自加勒比海地区或非洲地区。有人对她们的居住体验做了研究。结果表明,排他和压迫多种来源相互交叠,极其复杂。这些女性面对的是"欧洲中心主义的住房、健康及社会保障体系,作为被种族化的少数族裔,这些体系并没有考虑她们的需求。这也包括一些住房政策,因为这些住房政策没有考虑到文化差异、语言问题、社会隔离的经历以及与艾滋病相关的污名"都影响了这些女性获得住房的机会。[36]住户在等级制度和压迫这两个复杂领域艰难前行。公民身份状态、残疾、语言以及其他形式的社会差别,都会以不同方式与住房体系有所交集。

尽管住房压迫形式各有不同,但并不是随机的。模式的出现是因为住房体系深嵌于社会结构中,反映了阶级社会中权力和对抗之间的界限。

如果住房压迫和其他社会范畴之间的交叠形状是复杂的,那么,谁从压迫中受益这一问题似乎比实际更简单:当然是"压迫者"。但是,范畴不止一种。从住房压迫中获利,表现为款项、费用、选举权、影响力、权利、特权、许可等种种形式。在一些情况下,例如房东向一位非法移民索要更高的房租,压迫和利益之间的关系是非常明显的。在另一些情况下,例如直接针对公共住房租客的"微冒犯"(micro-aggression),谁受益这一问题的答案没有那么确定了,但谁受伤害却是明白无误的。

解放,或反抗压迫

住房也能作为反抗压迫的一种手段吗?住房可以成为获得解放的工具吗?一直以来,自由派和激进派的社会思想都认为,抵制压迫的合适场所是工作场所而不是住房。[37] 在这方面，恩格斯是唯一有影响的发声者。他曾发出警告，不要去寻求"住房问题的局部解决方案"。[38] 住房斗争涉及消费而不是生产，因此一般被当作次要问题。这种观点的理论逻辑是，消费型的冲突最多只能带来次要的、改良性的胜利，甚至会误导人们的努力方向，削弱那些本该进入"合适"斗争场所中的力量。这种观点认为，有关住房的运动要和工作场所政治联系在一起，只有达到这样的程度，有关住房的运动才有真正的意义。

105 传统上，人们一直更重视工业政治，而不是住房政治。这样的传统，基础薄弱，不足以支撑我们理解住房，更不用说改变它了。这也体现了一种对政治的理解方式，它将家庭内的"私人"斗争边缘化，并有效地将女性的屈服地位常规化。[39] 这一传统将住房误解为仅仅是消费场所，而不是生产和社会再生产的场所。它忽略了在现代全球体系中房地产的重要性在不断上升。它以一种狭隘的眼光看待政治反抗。有多少种压迫方式，就会有多少种反抗途径。在哪些场所开展活动，才能更好地应对压迫环境，在"生产环节"中，还是在居住环境中，在工作场所还是在家里，抑或在使用其他政治话语的其他场所，这终究是一个实际层面的问题，不应当预先在理论层面进行限定。[40]

住房具有解放的潜力，这种看法来源于实际经验。住房模式并不是由权力至上者强加到被动且无助的受害人身上的。住户是能找到反抗方式的。很明显，住房斗争自身不会引起大规模的社会变革。但是全球运动说明，住房可以成为反抗压迫的一种重要手段。

106 住户使用住房开展反抗行动，最明显的例子是与住房本身直接相关的斗争。从这一狭义上看，一些住房矛盾的确受限于纯粹的经济问题，例如住房供应商和住房使用者为有关住房支付的款项进行

66　保卫住房：危机的政治学

讨价还价。但是在一些情况下，如果不是大多数情况下的话，交易协商与公正、权利以及权力等政治诉求不可分离。

反抗住房压迫的典型形式是集体抗租。[41]这一策略最著名的一个实例发生于 1915 年 5 月的格拉斯哥，那是所谓的红色克莱德赛德（Red Clydeside）起义的高潮。住房的紧缺导致租金急剧上升、住房过度拥挤和房屋失修。造船业和军火业雇用的工业劳动力越来越密集，加大了住房需求。于是，当地房东们自然不会放过这个机会。[42]截至 1915 年 11 月，有 2 万名住户参与抗租行动。这次行动由租户委员会、妇女协会、劳工团体和左派政党组织，住房斗争在街道上、法庭内、议会中全面展开。政府担心叛乱蔓延到工厂，于是下令停止驱逐并实行租金管制，在苏格兰地区和整个英国加建了公共住房。

格拉斯哥集体抗租中，住房问题和工业问题相互交织。尽管这些集体抗租行动以集体消费问题为中心，且实际上受到各工业资本家的支持，但是，正如曼纽尔·卡斯特尔（Manuel Castells）所说："集体抗租在社群层面上为不同工人阶级团体的联合提供了广泛的共同基础。"[43]反抗房东是格拉斯哥的工人阶级质疑现行秩序的方式之一。

集体抗租还有一些更可能引起争论的表现形式，不仅仅是关于房租的。在 20 世纪初期，纽约、芝加哥、布宜诺斯艾利斯、圣地亚哥等地方发生的集体抗租，都借鉴了社会主义、共产主义以及无政府主义等运动中的激进思潮。[44]20 世纪 30 年代末发生在伦敦东区的更加暴力的集体抗租战是"更广范围内共产主义斗争的一部分"，也是当时犹太人聚居社区中反对法西斯主义大斗争的一部分。[45]

其他形式的住房暴动大都围绕自治权、管控、种族及民族排斥等问题展开。1969 年开始的圣路易斯公共住房大型集体抗租行动中，应该支付多少租金,不是唯一的问题,有时甚至不是主要问题;问题在于谁负责管理,又由谁负责住房环境。抗租者表现出了一位观察人员所说的"新的自主权意识",与黑人权力运动的"社会革命"一致。[46]朗达·威廉姆斯(Rhonda Williams)详述了 20 世纪 70 年代在巴尔的摩,"租户权力"如何成为一种普遍标语,"来声援对黑人权力的主张,并反映了当代穷困人民为争取权利和话语权而进行的基层斗争"。[47]20 世纪 70 年代伦敦东部的另一场抗租浪潮,是孟加拉反种族主义政治和英国黑人激进主义的一部分。1975 年至 1980 年间,成千上万来自非洲的流动工人在巴黎地区的不同地点,针对他们所居住的半公有收容所进行了长期抗租行动。这是法国移民权利及反种族歧视斗争中的一个重要时刻。[48]

纵观世界,集体抗租已成为反殖民主义斗争的手段。在 19 世纪末爱尔兰土地战争中,整个爱尔兰开展了集体抗租行动,成为地方自治运动的一部分。20 世纪 20 年代桑给巴尔岛的一次集体抗租"可被视作最先实现的成果之一",是实现 40 年后国家独立的漫长过程的

一部分。[49]印度各地在反抗英国统治的运动中都采取了集体抗租行动。20 世纪 80 年代末南非黑人城镇掀起的集体抗租狂潮促使了种族隔离的瓦解。

在所有这些例子中,租户们冒着巨大的个人风险和集体风险组织起来,以反抗压迫性的居住环境。与此同时,这些租户也是更大的政治运动的一部分。

住户们直接反抗住房压迫的另一个主要途径,是直接反抗驱逐,以及与其密切相关的反房屋止赎行动。对驱逐的预防和阻挠起源于最早的关于土地保有权的斗争。为了应对工业资本主义下的住房商

品化,现代住户们组建反驱逐委员会,非法占用空屋,打破封锁,拦阻官员,保护被扔到大街上的家具,并且帮那些被驱逐的家庭重新搬回公寓中。

当今,反驱逐和反止赎行动有各种各样的形式。芝加哥反驱逐运动为了居民免于被迫搬家而斗争,人们闯入了废弃的住房,以便将无家可归的人安置在无人居住的住房中。[50]除了组织抵押贷款拒付行动之外,一家总部位于克利夫兰的组织,名为"贫民区组织项目"(ESOP),将两英寸长的塑料鲨鱼扔到银行家们的房子里,同时散发传单,传单上说,"你的邻居是一个借贷骗子"。[51]在南非,西开普敦反驱逐运动采取了直接行动和合法诉讼来反对驱逐和断水。在英国,"关注单身母亲组织"(Focus E15 Mother)进行了驱逐守护行动及游行示威,并且占据了一处闲置的公共住房建筑以示抗议。[52]受贷款影响者平台(Plataforma de Afectados por la Hipoteca)建立于巴塞罗那,活跃于整个西班牙。为了反抗驱逐和止赎,该平台借鉴了阿根廷反军事独裁斗争的策略,也借鉴了他们自己参与的西班牙愤怒者运动的策略。

对于这些团体来说,驱逐问题是更大斗争的一部分。"夺回土地"(Take Back the Land)是美国迈阿密的一个社会团体,曾阻止驱逐,将无家可归的家庭安置在丧失赎回权的住房中,还在空地上建立了一个名为"乌莫加村"(Umoja Village)的贫民窟,以使人们关注土地、绅士化与无家可归之间的联系。马克斯·拉莫(Max Rameau)是"夺回土地"的创始成员之一,他写道:"住房危机……本身不是问题。相反,住房危机是一个明显的症状,揭示了一个更大、更深层次的问题,这个问题根植于阶级、种族和性别之中。那些是系统性的问题。"[53]

这些例子表明,与住房压迫进行斗争,是为政治变革和社会变革而进行更全面斗争的一个途径。他们的目的远不是提出局部的住房问题解决措施,而是探索住房政治,并揭示住房与更深层的社会危机之间的关系。

111 这些运动如果与其他领域的动员联系起来,就会更加成功。并不是所有的运动都会带来长久存在的政治组织。一些运动利用排外的种族认同,后来转向反动或削弱了更为激进的政治项目。但是,从总体上看,这些运动表明,参与者们认为,住房运动不仅仅是房子问题。对他们来说,集体抗租、反驱逐集会和反止赎示威游行有着推动社会转型的更大潜力。

解 放 的 先 声

住房不仅仅是斗争的对象。在一些情况下,也可以从住房中初步地认识非异化的社会生活是什么样子的。

住房可以是自治权和力量的源泉,评论家兼活动家贝尔·胡克斯(bell hooks)*描述了住房的这一面:

> 历史上,非裔美国人认为,家园的建造有激进政治的一面,无论这个家园是多么的易为摧毁,不堪一击(奴隶小屋、木制棚屋)。尽管种族隔离和统治有着残酷的现实,一个人的居住地仍然是可

---

* 贝尔·胡克斯这个笔名取自她非常钦佩的外曾祖母 Bell Blair Hooks,为了与外曾祖母区分,她的笔名都使用小写字母。——译者注

以自由应对人性化问题的场所,也是可以进行反抗的场所。[54]

对胡克斯来说,家园是"所有黑人能够努力成为主体而非客体的场所,是我们能够从心理、情感上得到肯定的场所,尽管我们遭受着贫穷、艰难和匮乏"。[55]面对异化和压迫,住房至少提供了行使权利和团结一致的可能性。

全球住房运动都贯彻以去异化、尊严、公民身份和关怀为核心的策略。纽约、伦敦等地方的活动家都在通过参与直接的互助行动来探索所谓的"军事关怀"的实践。[56]巴西圣保罗的住房运动联盟(São Paulo's União de Movimentos de Moradia)旨在让每一个 sem teto(没有屋顶的人)都能"感觉自己像个人"。一位女士搬进了由 UMM 附属机构占据的一幢建筑,她告诉研究人员:"今天我比以往更像一个公民。当我搬到这儿住时,我又'拯救'了我的一部分公民权利。"[57]同样,在德班成立的南非运动组织"棚户区居民"已经举行了数次游行,为了"要尊严、要土地、要住房"。2015 年 2 月,该团体向位于约翰内斯堡的人权委员会发表声明,阐明了他们捍卫尊严的住房政见:

> 这里的尊严指的是尊重。我们说我们是为了尊严而斗争,也就是我们在为一个人人都被看作人的社会而斗争。这意味着每一个人都必须得到尊重,必须获得享受体面生活应有的权利——土地、住房、教育、生计以及其他权利。[58]

工人阶级和穷困人民的尊严遭到破坏,穷人的住房又总会带来异化,在这样一个世界里,让人人都有住房,可以作为尊严的场所,这种想法具有激进的潜能。

女性主义在住房上所做的努力,表明了一个非压迫性的住房环境可能是怎样的。一代又一代的女权主义者,想象着通过科技和对家庭劳动的重组,将女性从劳苦中解放出来,想象着结束不平等的工作负担,打破传统中产阶级家庭束缚,创造公共空间,来支持劳动分工和愉快的社会交往,并发展新的自由形式。19 世纪和 20 世纪初期,像维多利亚·伍德哈尔(Victoria Woodhull)、夏洛特·珀金斯·吉尔曼(Charlotte Perkins Gilman)和梅露希娜·费伊·皮尔斯(Melusina Fay Pierce)等美国女权主义者提出共用厨房、有偿家务劳动、社会化托儿服务,以及将家庭工作场所政治化和集体化的其他方式。亚历山德拉·柯伦泰(Alexandra Kollontai)在苏联提倡过类似的观点。[59]

几个世纪以来,一些建筑师和空想家一直奉行这样一种观点,即住房可以为人道社会提供基础。相关计划不断回归到相同的主题上:去商品化、集体生活设施、社会空间、民主自我管理以及居民对政治生活和文化生活的参与。很多类似的提议仅仅是未落实的计划或者未完成的雏形,例如,夏尔·傅立叶(Charles Fourier)于 19 世纪提出的法伦斯泰尔(phalanstere),或是莫伊谢伊·金兹伯格(Moisei Ginzburg)于 1928 年设计的莫斯科纳康芬公寓(Narkomfin Building)。但是也有一些计划付诸实践,并成为现实生活中对解放性住所的尝试。[60]

红色维也纳时期的大型住宅区就是解放性住房环境最好的例子之一。自 1919 年起,维也纳市议会就处于社会民主主义者管控之下,它建立了成千上万的公寓作为密集的周边住宅区,并在院子

（*Höfe*）周围建立了公共设施。最终，维亚纳在十年间建造了六万余所公寓。这些楼房都以革命人物和文化名人的名字命名：倍倍尔大院(Bebelhof)、歌德大院(Goethehof)、费里德里希·恩格斯广场(Friedrich Engels Platz)和乔治·华盛顿大院(George Washington Hof)。其中最著名的是1927年至1930年间建造的卡尔·马克思大院，住户和这些住户的敌人都把它视作市政社会主义的堡垒。这些新建住宅区成了维也纳工人阶级开展活动、维系团结、彰显身份的物理场所和社会中心。在1934年2月的危机中，联邦军队袭击了这些作为社会民主标志的住宅。但是它们作为维也纳城市结构的中心部分保留了下来，直到现在。[61]

115

纽约市建造的合作住房，相当于美国版的维也纳社会民主主义住房。这些建筑直接来源于美国的劳工运动，以及随着劳工运动兴起，早已在纽约工人阶级社区和移民社区壮大的激进文化。纽约市首个非营利合作住房于1916年在布鲁克林日落公园(Sunset Park)成立。这栋建筑由芬兰房屋建筑协会创建，并且将它命名为Alku(芬兰语"开始"的意思)，该建筑借鉴了斯堪的纳维亚合作住房的传统。从20世纪20年代至70年代，犹太人为主的工会和合作协会，在纽约市建造或资助了四万套住房单元。这些非营利的有限权益建筑位于下东区，尤其是布朗克斯区，包括工人联合合作住房(United Workers Cooperative Colony)、联合合作住房(Amalgamated Housing Cooperative)、联合住宅(Amalgamated Dwellings)、沙洛姆·阿莱切姆住宅(Shalom Aleichem Houses)、希尔曼住宅(Hillman Housing)和法尔班德住宅(Farband Houses)。这些住宅项目与各种政治运动相伴，从劳工犹太复国主义到工人圈、列宁主义。一位曾住在比较激进的布朗克斯合作

116

社的住户说道,这些住宅区就是"纽约的社会主义小角落"。[62]

布朗克斯合作建筑本身常用一种保守的都铎复兴风格。但是,劳工史学家乔舒亚·费里曼(Joshua Freeman)说道:"这些项目的传统外壳之下隐藏了大胆的实践,因为它们创造了自给自足的社群,有着丰富的教育、社会、文化活动。"[63]这些合作建筑包括了许多社会空间,例如图书馆、电影院、演讲厅、健康诊所、餐厅、合作商店、表演场所以及会议室。对于合作建筑的住户来说,"社会行动是一种生活方式"。[64]1932 年在合作建筑附近爆发了一场顽强的集体抗租行动,住户们成为这场抗租行动的主力,并参与了许多其他活动和运动。

今天,展现另一种居住可能的标志性建筑,如卡尔·马克思大院或布朗克斯合作住房,看起来也许像另一种文明的遗迹。但是其中的许多理念都渗透到了当今的住房体系中。例如,封闭式社区就很像实验性的乌托邦飞地。豪华公寓大楼提供了公共消费空间。激进住房试验中的一些要素一直延续到今天,只不过常常表现为私有化、商品化的形式。

117

人们有充分理由质疑乌托邦式的住房试验。住宅区的界限限制不了人际关系。将小群体与整个社会发生的事情隔绝是不可能的;如果有这样的小群体,那有可能受到更大范围内的压迫性关系的影响。而且,在住房压迫和住房商品化的海洋中,住房解放的岛屿只能发挥有限的作用。

但是试验性的住所和解放运动生动地展现了住房的潜力,就这一点而言,它们拥有更广的意义,应该被视作指向一种更大可能性的灯塔——住房可用来支持无压迫的社会关系,这不是在某个乌托邦王国,而是在日常生活中。

除了让更多人买得起房、住得起房之外，住房自由还有更多的内容。平价住房不是对统治阶级的挑战。正如兰登·波斯特等"新政派"（New Dealers）认为的那样，可以以维护社会稳定的名义提供平价住房。如今面临的挑战是要想象一个住房体系，让居民能够更有效地面对权力、社会不公和结构性暴力。

呼吁对住房讨论重新政治化

住房从来都不只是住房。但是，当今的讨论并没有重视住房压迫和住房解放。住房需要被重新政治化。我们一直所说的住房需求的政治一面，需要重新纳入公众讨论之中。

事实上，住房带来的政治后果很少是清楚明白的。住所既可以是压迫的，也可以是自由的。利益和权力并不能界定生活的全部，因此，住房压迫同样也能伤害从住房压迫中获利的人。即使那些直接从他人承受的住房压迫中受益的人，也会因此受到伤害：他们的居住环境变成了受监视的飞地，交际和体验的范围缩小了，自我感知被扭曲。如果住房用于巩固一种容易引发危机、对环境造成严重破坏的政治经济体制，那么住房压迫对每一个人都会产生影响。

住房政治的矛盾来自当代社会的矛盾。要理解这种情形，就必须剖析住房压迫产生的过程，找出引起住房压迫的人和利益群体，揭示住房压迫反抗来源，并了解住房压迫中的解放潜能。如今，关于住房的基本问题，不是限制楼高或区域规划，尽管这些也可能很重要；最核心的问题在于住房是为了什么，为了谁，它带给谁压迫，又给予谁力量。

第四章　住房政策方面的错误认识

119　　大部分住房政策的讨论基于如下假设：无论住房政策是否成功，国家都已尽力去解决住房问题了。也就是说，关于住房政治的很多叙述，是以"关于仁慈政府的错误认识"为基础的。简而言之，这个看法是，政府出于对全体公民福利的关切，采取了行动，并且政府政策表明政府正努力解决大家公认的社会问题。按照这种说法，如果政府失败了，只是因为它不了解情况，而不是因为它自私、无能或缺乏勇气。

　　仅"住房政策"一词就能证明，这种思想是错误的。这个词似乎表明政府为解决住房问题一直在不懈地努力。但是，如果我们从历史角度去分析政府影响住房的作为以及不作为，就能发现事实并非如此。住房政策是一种意识形态产品，而不是真实存在的事物。政府只是采取了种种凌乱无序甚至有时完全对立的措施而已。

　　政府在住房领域所采取的行动，其真实动机不是解决住房危机，
120而是为了维护政治和经济秩序。如果国家真的想要找出最佳的行动路线，以满足住房需求，消灭住房压迫，住房的历史可能就和现在截然不同了。

　　可以确定的是，不存在包藏阴谋、整齐划一的某个统治阶级，以

不容挑战的方式牢牢掌控着国家政权。甚至在社会精英中，也存在不同团体之间的冲突，会导致切实的政治后果。民众压力和社会运动也会给政府措施带来重要影响。[1]

对于一些激进的质疑，尤其是对福利和住房项目的质疑，政府往往能够找到消除质疑的办法。要求住房民主化，会给体制带来质疑，但是在美国历史上，政府政策对这种要求加以引导，将其用于维护体制。[2]结果是无论哪种政策都会再次产生住房问题。

历史上，政府曾利用住房体系维护政治稳定和帮助私人积累财富。在不同时代，这两者显现程度不同，但都是国家政权的首要目的，都是资本主义制度下政府住房政策的重要特征。直到今天，仍然可以用它们来解释政府的某些住房措施。如果考察美国一些最具影响力的低收入住房政策就会发现，政府的首要目的从来就不是通过仁慈地提供居住空间来解决住房问题。

住房管控政策

记录美国的"住房政策"往往从 19 世纪纽约的廉租住房改革开始，但政府在管控和稳定住房体系上发挥作用要久远得多。殖民时代的威廉斯堡、萨凡纳和费城，都曾实施过详尽的宏大规划和公共建设。1766 年，纽约实行了建筑管控，建造了一个防火区，其中，区内住房的材料必须用石头或砖建造，屋顶必须是瓦片或石板瓦。早期实施这些管控措施，是因为人们预计城市会进一步发展，而且人们意识到内部关系网络会日益复杂。"1811 年纽约委员计划"（The Commissioner's Plan for New York of 1811）为曼哈顿区规划了方格路网，制订该规划是为了促进内部流通、管理土地投机。这是政府支持建造私人住房的诸多方式之一。

纽约的《1867年廉租住房法案》(1867 Tenement House Act)规定：住房须有消防通道，每间卧室都必须开窗，每20个居民须配备至少一个洗手间。这一法案常被用来证明纽约市致力于为穷人提供良好的住房。然而，实际情况与关于仁慈政府的错误认识恰恰相反。颁布该法案真正的原因是，纽约的工人阶级日渐壮大，掌权者们既害怕这个阶级疾病蔓延，也害怕他们暴动。

穷人的健康问题威胁到社会稳定和经济稳定，让纽约市的政治机构惊慌失措。天花、痢疾、结核病等疾病在廉租住房区肆虐，且有可能给整个纽约造成灾难。1843年，由富商和企业家领导并资助的纽约改善贫困状况协会(Association for Improving the Condition of the Poor)呼吁关注这一问题。该协会称，贫穷既"会对社会稳定构成严重威胁"，又"会直接导致个人的堕落"。[3]《哈勃周刊》(Harper's Weekly)预言，如果不设立健康法，"整个纽约市最终将会毁灭"。[4]上层人害怕穷人中的疾病蔓延，由此引发了廉租住房改革。

除了对传染疾病恐惧之外，19世纪实行住房管控的另一驱动因素是当局需要长期预防起义。在整个19世纪，纽约人定期发动暴乱。1849年阿斯特广场(Astor Place)发生暴乱，在一个被视为精英主义文化堡垒的剧院外，数千人聚众闹事，抗议者只有铺路石板可作武器，当局却下令开枪，几十人死于枪口之下。最有名也是最骇人听闻的是1863年征兵暴动。内战的征兵政策允许富人花钱免除兵役，民众对此事的愤怒变成了种族主义和反移民屠杀，致使120人死亡。1874年汤普金斯广场(Tompkins Square)暴乱是那时纽约市经历过的最大规模的游行示威。这次暴乱涉及了一场由成千上万工人发起的群众游行，其中很多人是共产主义第一国际的成员。

许多重大暴力事件定义了一个起义和公众暴力事件频发的时代，而上述事件仅仅是很多重大暴力事件中的一部分。[5]这种社会动荡体现了很多引起冲突的原因，包括反精英主义、种族主义、排外主义和劳工团结。这些暴力事件很多都不是由对住房的不满造成的，但对无法忍受的日常居住环境的潜在不满加剧了这些暴力事件。纽约市的精英害怕公众暴力，他们对于动荡的恐惧在很大程度上促使纽约市对住房问题做出回应。在未来所有的住房政策中，控制公众不满情绪并维持公共秩序的需求，将成为一个或隐或显的要素。

住房管控最大的合理性是符合上层人士的私利，这一点改革者们十分清楚。改善贫困状况协会于1865年警告道：

> 要注意广大人民群众面临的贫穷问题和悲惨境遇……如果任由这些问题继续存在，这些人就会沦为小偷和乞丐，在纽约市横行，危害公共安全、财产安全以及生命安全，他们的生计问题会给社会造成负担，并导致罪恶和贫穷代代相传。[6]

雅各布·里斯(Jacob Riis)是一位摄影师兼住房权益倡导者，他为引起公众对下东区住房问题的关注做了很多贡献。在征兵暴乱期间，他把针对住房的暴力与廉租住房的条件联系在一起。[7]一位历史学家说："这给这座城市有产阶级传递了一个明确的信息，即忽视无产阶级的住房需求，你自己的财产就会受到威胁。"[8]改革运动也认为，更好的住房条件能够"减少将都市社群分为不同敌对阵营的阶级和种族矛盾",并且更好的住房条件也能为移民劳工美国化提供一条途径。[9]

《1901年廉租住房法案》出现在这一紧张时期,体现了那个时代的矛盾,成为纽约住房管控史上最重要的篇章。该法案创造了应用广泛的内庭布局,成为纽约许多公寓建筑的典型特点(就是所谓的"新法"廉租房)。与之前的相比,《1901年廉租住房法案》确实更能管控一些极糟糕的住房环境。但是该法案旨在保留纽约市住房等级制度,使该制度带来的最严重的伤害有所改善,而不是使该制度本身有所改变。《1901年廉租住房法案》成为先例,在接下来几十年时间里,其他州也通过了大量的相似法案。

《1901年廉租住房法案》的通过主要归功于劳伦斯·维勒(Lawrence Veiller)所付出的努力。维勒是一位著名的活动家兼政府官员,他为住房改革运动的组织和专业化做出了许多贡献。他将住房视为移民和工人阶级融入经济秩序的一种方法:

> 现代城市是破坏劳动人民保守观点的最重要因素。如果一个人有家有房,他就会有动力努力工作,精打细算,勤俭度日,对公共事务有兴趣。每一种倾向都会让他变得保守。但是如果一个人的家只是某个大型建筑中的三到四个房间,只有按月交租才能住在房子里,并且这幢建筑里还住着其他二十到三十户人家,那么在这种情况下又有什么因素能够激励他勤俭节约,又有什么能培养公民责任感或爱国主义呢?[10]

对于维勒这样的改革者而言,住房既是巩固社会秩序的一个工具,又是减轻贫穷严峻程度的一种方式。提供住房是控制劳工、灌输纪律这一总体问题的部分解决方法。

维勒、里斯以及那个时代的其他住房权益倡导者都是进步的改革者,他们的动机多种多样。自由派、理想主义者、慈善家和慈善领域的其他人士显然都为法案的通过做出了贡献,从而避免了极糟糕的住房环境。但是无论这些人的个人动机是什么,他们的行为仍有利于纽约市精英分子目标的实现。

从历史角度看,廉租住房管控并不代表政府开始对那些居住环境糟糕的人采取仁慈的态度。促使政府颁布该法案的不是他们的仁慈,而是恐惧。改革者采取一切手段,防止住房问题引起更激烈的反应。的确,改革者们认为进行住房改革的一个原因,是激进政治观点的盛行,尤其是在移民中盛行。工业化和都市化带来了经济威胁和政治威胁,因此政府必须采取行动维护现存秩序,而住房管控就是一个实例。这些政策同样对穷人有利,但这并不是政策通过的必要理由,也不是充分的理由。

住房的公共供给

如果管控和建筑规范算不上解决住房问题的仁慈政策的开端,那么公共住房也不是。在实行住房管控和后来的市政住房供应这两方面,纽约市都是先行者。但是这两个方面的发展并没有关联,这与有关仁慈政府的种种说法恰恰相反。同建筑规范一样,早期公共住房项目背后的动机,也不是为城市穷人提供体面的住房,或帮助他们解决住房问题。相反,国家将住房供给当作一种工具,来实现其他目标。

劳伦斯·维勒强烈反对提供公共住房。在他看来，公共住房意味着和私人资本进行不公平的竞争，他认为公共住房助长了机械、烦琐的政府制度。几乎所有早期美国改革者都认为，"市政当局'使用政府经费，在为大众提供住房方面与私营企业竞争'，这是'一个不好的原则，也是一个更加糟糕的政策'"。[11]一些住房权益倡导者，例如著名改革家、经济学家伊迪丝·埃尔默·伍德（Edith Elmer Wood）等人，的确认为提供公共住房和住房管控一样，是改善穷人居住环境策略的核心。城市规划专家凯瑟琳·鲍尔（Catherine Bauer）在《现代住房》（Modern Housing）一书中讨论了提供公共住房的理由。[12]但是他们的观点并没有得到重视。

21世纪到来前，一些人发起运动，推动私人对住房进行慈善赞助，并在无利或薄利的基准上建造标准廉租房。但当时这种运动并没有获得广泛的支持，也没能推动公共住房相关立法。当公共住房与政府的其他目标有所重合时，政府才开始资助住房建造。

政府在住房上付出的努力并不是出于对穷人的善意关心，而是与一系列的军事、经济和政治目标紧密相连。尽管在此期间，伍德、鲍尔等住房权益倡导者确实仍为住房的社会供给而斗争，但是真正产生早期公共住房的政策另有原因。美国公共住房早期历史上有三个重要阶段："一战"期间的项目、战后老兵项目、大萧条后的公共住房项目。尽管有人认为这是国家政权日益向善的证据，但实际上这些项目大多零零散散，没有连贯性。

美国最早由国家支持的住房项目，其真正原因是为战时岌岌可危的各个行业提供帮助。"一战"期间，根据《1916年航运法》（Shipping Act of 1916），美国航运局下属应急船队公司（US

Shipping Board Emergency Fleet Corporation)成立。两年后,该公司得到官方许可,给"那些为国家建造船只的各船厂雇员及其家属"建造或改造住房。之后,在 1918 年,美国住房公司(US Housing Corporation)成立,以帮助"为美国兵工厂和海军工厂工作的工人、为国防相关重要行业工作的工人及上述所有行业工人之家属"。[13]

战时工业集中在美国许多老城市,这些城市都面临着严重的住房短缺。为了支持战争,政府给予战略性行业的私人企业享受资源上的便利。住房单元建造时是属于政府的,但是法律规定,这些住房单元应在战争结束后尽快售予私人。这些战时的做法,之前已有先例,但不是"进步时代"(Progressive Era)的住房改革,而是在 19 世纪末的工业小镇。美国公共住房的真正先驱,是乔治·普尔曼(George Pullman)那样的家长式作风的实业家。

公共住房早期历史的下一个阶段是"一战"后的老兵项目,这个项目在美国几个州均实行过。战后老兵回国,面临着大规模的住房短缺,很多人一贫如洗、无家可归。于是,一些州提供补贴贷款,帮助老兵购买私人住房。其中规模最大的是加利福尼亚州开展的项目,通过《1921 年老兵农场及住房购买法案》(Veterans' Farm and Home Purchase Act of 1921),为 7 000 多户家庭提供了低息贷款。这些项目致力于刺激住房建设,并通过支持军队来展现爱国主义。[14]在联邦层面上,受到赫伯特·胡佛总统"居者有其屋"(Own Your Home)运动的支持。英格兰和苏格兰也有类似项目,这些项目将战后建设集中于住房最短缺的地区,而美国项目则缺少了这种地理针对性,将国家资金直接输入市场,没有考虑真正的住房需求。

公共住房早期历史进入第三阶段,也是最后一个阶段,是《1937

年瓦格纳－斯蒂高尔住房法案》（Wagner-Steagall Housing Act of 1937）的通过。该法案设立了美国房屋管理局（United States Housing Authority），并促进了公共住房的大规模建设。与之前相比，改革者发挥了更大的作用。例如，鲍尔和伍德都为美国房屋管理局工作。但是，美国增加公共住房背后的主导动机，显然是为了阻止都市失业工人这一逐渐壮大的阶层在大萧条期间发生动乱——但完成这一任务并不是通过提供住房，而是通过创造房屋建造领域的就业机会。为了阻止大量平价住房充斥市场，住房法案规定，每建造一处公共住房单元就要拆毁一处不达标的住所——在整个20世纪80年代，这一规定始终存在。最终，经过精心设计的公共住房项目能够支持私人住房，而不会与私人住房竞争。

城市更新的矛盾

后来所谓"城市更新"或"贫民窟清理"的各种政府行动，最清楚地解释了仁慈政府这一自由派说法的局限性。1949年后美国清除贫民窟的做法，其后果众所周知。[15]人们批评政府拆毁的住房比建造的住房还多，这一批评并非没有道理。它迫使穷人搬迁，为富人腾让居住空间，并且为了维护市中心商人、房产所有者和商业社区的利益，动用政府资金对中央商务区周边的昂贵地段进行重新开发。

不过，这种常见的批评观点并不够深刻。美国这种批评大多谈及的是"城市更新的失败"。[16]批评者似乎认为，贫民窟清理所造成的破坏扭曲了仁慈的本意，导致这些后果的是没有远见，或是没有预料到城市发展模式的变化。甚至激进的批评者们经常认为，导致这个项目偏离本意的罪魁祸首，是当地商业团体和房地产利益集团。实际上，城市更新一开始就是由房地产行业和金融行业的意图决定的。

美国城市更新的立法基础是《1949 年住房法案》（Housing Act of 1949）。该法案主要取得了两个成果：一是重启了在"二战"后暂停的新政公共住房项目；二是为贫民窟清理项目提供资金。[17] 该法案第一款设立了城市开发项目，被其支持者视为强化市中心区域，并消除市中心周边地区不良市容的一种方法。对于援助那些居住环境糟糕的人，支持者们并不关心。他们关心的是拆除那些他们认为是贫民窟的地区——至少是那些靠近主要商业中心的贫民窟。支持者对重新开发非住宅地区的关注程度不亚于对住房的关注程度。正是美国那些最强烈反对公共住房的团体——全国地产商协会（National Association of Real Estate Boards）、美国储贷协会（United States Savings and Loan League）以及在某种程度上还包括美国抵押贷款银行家协会（Mortgage Bankers Association of America）——依旧支持城市再开发的基本原则。支持美国储贷协会一方的证词认为："我们研究贫民窟清理问题已经有一些年头了，并且都认为政府可以在这方面采取行动并投入经费。我们都已经意识到，这一过程大部分可以由当地政府实施。在降低贫民窟清理所获得土地的账面价值之后，土地应该以公有或私有的形式，得到最高且最佳的利用。"[18]

城市更新也得到了城市发展规划师、建筑师和城市规划专家的支持。贫民窟清理计划的一个主要支持者就是美国规划师协会（American Institute of Planners），尤其是该协会的会长阿尔弗雷德·贝特曼（Alfred Bettman）。他是一位全国著名的区域划分拥护者。另一个主要支持者是城市土地学会（Urban Land Institute），一

132

个由开发商资助的城市规划研究组织。法律规定城市更新只能用于重新开发居住土地,并且在贫民窟清理完成后只能再度用来实现居住目的。对此,这两个组织都明确表示反对,并且慢慢取得了成功:起初是10%,后来20%的城市更新项目都免于遵守最初的规定,即重新开发的土地必须保留下来用于建造住房。毕竟,该要求只是规定了改造后的土地"主要"用于居住,只要在项目界限的划分上稍出新意,就能使该规定无效。这是一个任务缓慢变质的过程,与1949年法案中的仁慈说辞背道而驰。正如一位法律评论员惋惜地说,其主要原因是:

> 商业利益集团的立场。正常情况下,商业利益集团往往会支持限制联邦经费支出,但他们却越来越支持重建那些破败的商业房产和工业房产。其中首要的是百货商店所有者、抵押贷款放款人和其他放款人。他们正在为市中心零售房地产中的大型绩优投资项目担心,因为这些零售房地产正面临着郊区购物中心的竞争。[19]

随着贫民窟清理项目在美国各个城市开展,支持该项目的人数增加了。该项目最终受到许多商业利益集团的推动,包括各大商业银行、法律和会计事务所、国营企业总部和跨国企业总部,以及其他与市区位置有利益关系的公司。

城市更新就算得到了商业领导者和政治领导者的强力支持,也仍然会迫使整个工人阶级社区和有色人种社区迁移到他处。从1950年至1980年,整个美国大概有100万人被迫搬迁。[20]最终那些被迫搬走的人组织起来进行反抗,影响很大,相关方面对此无法置之不理。

要么搬迁进程逐步减缓直至停止,要么对抗议者进行必要的安置。最后,住户们获得了更多的住房安置补贴,房屋管理得到了改善,并得到相关承诺,来建造自己的新住房。出现这些变化不是因为人们意识觉醒,决心再次同住房不公做斗争,相反,这些变化展现了有效的抗议所能带来的成果。

如果 20 世纪中叶的住房政策确实是为了满足住房需求而逐渐发展的,人们就会发现新住房建造项目的数量是在住房需求增加时开始增加,在住房需求下降时开始下降。但是,住房短缺在 1930 年至 1949 年间逐渐加剧,当这一问题最严重的时候,公共住房建造却处于低谷。而在 20 世纪 50 年代住房短缺情况总体缓解时,新建住房单元增长达到顶峰。[21]在整个城市更新中,住房需求和新住房单元的建造并没有互相关联。

城市更新不仅自始至终无法解决住房危机,而且在很多方面,贫民窟清理使得住房危机更加严重。公路和其他基础设施方面的抵押贷款保险和公共支出,为战后郊区化提供了巨额的公共补贴。这种付出绝非帮助穷人,而是逐渐削弱城市社区。市中心的工作开始消失,造成了市政府预算的损失;公共服务减少了;种族隔离和种族不平等的后果被放大了。另外,公共住房是唯一直接向穷人提供住所的住房项目,而它在一开始就受到了阻碍。活动家和住房权益倡导者试图推动公共住房摆脱"沉闷僵局",但无人理会他们。[22]

公共政策和私人利益

随城市更新而来的住房项目,甚至更加直接地帮助了私人开发商。

135 城市更新有利于房地产投资方实现其目的,但是国家作为规划者和协调者,在其中也扮演了强大的角色。城市更新后,政府在很大程度上约束自己只做一件事情,即为私营企业所控制的项目提供资金。公共政策私有化的过程,证明了曼纽尔·卡斯特尔(Manuel Castell)所谓的"一种不变的趋势……即让公共补贴领域有利可图,使其符合私人资本的标准,这样才能将公共补贴领域逐渐转交给私人资本"。[23]换句话来讲,给低于经济有效需求水平的家庭建造住房,要为其提供公共支持的话,就必须找到办法,让住房建设满足私人利益。

要摆脱政府对城市更新的控制,第一步是"交钥匙工程",即允许私人建造商在他们自己的土地上完成所有的工程,然后将完工的新建楼房卖给政府当局。开发商既能从工程中获利,也可以从土地价格上涨中盈利。第二步是完善有限股利税收优惠方法,即不仅允许私人利益集团以私人名义在公共土地上建造住房,还允许他们继续持有、管理他们所建造的由政府补贴的住房。房地产公司的利益受到一些限制,作为交换,他们享受着巨额税收优惠。

接下来的一步是《1974 年住房法案》设立了第 8 条款租房券项
136 目。第 8 条款允许私人利益集团建造、拥有和管理为穷人所建造的住房,除租金必须以政府决定的水平为依据之外,法案第 8 条款对私人利益集团的盈利没有任何其他限制。租户在向私人业主支付租金时会受到政府的资助,方式是提供以租户收入为基础的补贴。在租房券的帮助下,私人业主重新从政府手中接过为低收入者提供住房的担子。实际上,租房券是通过资助租户,扩大住房市场范围的一种方式。如果没有租房券,这些租户就承担不起市场价格的租金。其中的明显受益者就是私人房东。

20世纪80年代制定的低收入住房政策沿袭了这种模式。低收入住房税收补贴项目（Low-Income Housing Tax Credit）于1986年设立后,将税收抵免分配给私人开发商。[24]之后这些税收优惠通常被转卖给投资商。当公共住房预算逐渐减少,对低收入住房税收补贴项目的资助便稳步增加。税收补贴为企业受益人提供了许多好处。根据低收入住房税收补贴项目,"企业投资者获取大量利益……通常是15%的股本回报,并且相应地,他们会成为一个强大游说团体的一部分"。[25]15年后,大部分利用低收入住房税收补贴项目建造的住所可以恢复到市场租金水平。

对于政府而言,以税收补贴的方式为低收入住房提供资金不会引起政治问题。税收优惠的实施是通过税收法而不是联邦机构的预算,所以这些成本不会出现在政府收支总账上。但是这一政策将基本社会福利问题交给了私人利益集团掌管。

今天的关键词是"平价住房"。这种政策的典范是名为"包容性分区"（inclusionary zoning）的项目。包容性分区是前任纽约市长迈克尔·布隆伯格（Michael Bloomberg）实行的住房政策的重要部分,其继任者比尔·德·白思豪（Bill de Blasio）实施的住房规划,也以此为核心。现行的区域划分法规定了市场价格住房的建造数量,包容性分区的策略有不同的形式,但其基本思想都是为了获得相应权利以建造多于规定数量的住房。私人开发商也同意建造一些名义上"平价"的住房单元。通过这些项目提供的非市场定价的住房,房地产开发商有很大的自主权选址和设计。根据某项包容性分区计划,一些住房可以建立在特定区域的数米之外;根据大部分的包容性分区计划,非市场定价的住房单元可以在一个规定的时期之后恢复到市场价格水平。

包容性分区的支持者将该项目解释为,一个为无法负担住房的人提供住房的慈善项目。他们认为将市场定价的新楼盘同补贴住房单元联系起来,是一种保持住房领域经济多样性的方法。仅仅是"包容性分区"这一名称,就表明该项目与"排外性分区"(exclusionary zoning)相反,后者是利用土地使用规则来强制实行隔离的。

一些包容性住房战略比其他战略规划得更好。在某些情况下人们有理由支持这些政策。[26]但是,从历史背景来看,包容性分区和之前的许多方案一样,似乎更多是为了满足房地产行业的需要,而不是住户的住房需求。

在纽约,这类项目最明显的问题就是住房的可购性。这些项目以"地区收入中位数"为基准,按照一定的百分比来界定收入是否达标。这一数字以整个城市为单位进行计算,将郊区独栋住宅与相对便宜的贫民住房一起算进去,得出平均值。要达到这个标准,纽约的四口家庭地区收入中位数目前是 86 300 美元。但是根据美国人口普查局统计,纽约市真实的平均家庭年收入是 52 737 美元,布朗克斯区低于 35 000 美元。结果很多所谓"平价"住房单元,工人阶级或穷人根本买不起。

所谓的平价住房项目所建造的公寓,其定价和开发商在没有可购性要求下所做出的定价几乎完全一样。显然,出现这种情况时,与其说"平价"这一词是描述性的,不如说是意识形态的。当今在纽约等城市,平价住房政策是将政府支持豪华住房开发这一行为合法化的工具,而不是为了真正解决住房问题。支持包容性分区和其他平价住房项目的人认为,这是解决住房危机的切实可行的方法。尽管部分住房权益倡导者用心良好,但平价住房不是摆脱房地产机器的一种手段,而是房地产机器的一种策略。

同几乎所有私有化的低收入住房工程一样,在平价住房项目中,提供的住房和工人阶级住户的实际居住需求之间几乎没有关系。私人市场在何时何地提供低于市场价格的住房,取决于他们能否获利。这些住房根据等待者名单分配,更多情况下,则通过随机选择进行分配。2014 年,纽约通过随机选择分配了 2 500 套低于市场价格的住房,而申请者多达 150 万人。[27]获得一套这样的住房,从本质上讲全凭运气。住房本该成为全体社会公民享有的权利,但平价住房与这一理想毫无关系。

纽约市的住房运动也意识到了平价住房的矛盾,其中很多组织采取了抗议行动。无数的活动家群体和联盟,动员其他人反对围绕包容性原则开展的再分区计划。活动家特别强调,平价住房正被用来推动绅士化。一位地理学家认为,"以开发商为主导的房地产开发,不是绅士化的起因,而是解决措施,这几乎成了普遍共识"。东哈莱姆区和绿点区等地方采取了行动,反对建造包容性住房,就是为了打破这种普遍共识。[28]

制定住房政策始终是为了满足房地产行业的经济需求和政府当局的政治需求。历史事实是,美国住房项目几乎从来没有围绕真正解决住房危机而制定。在美国住房政策史上,能做出积极回应的政府是极其罕见的,更不用说仁慈的政府了。

关于政府干预的错误认识

一个仁慈政府倾其所能去解决住房问题,在长达一个多世纪的

第四章 住房政策方面的错误认识 **91**

时间里,这个故事都被用来证明市场友好型自由主义的合理性。但是,自从 20 世纪 80 年代开始,在住房政策的问题上,出现了一个和这一自由主义论述相矛盾的保守说法,那就是关于政府干预的错误认识。从很多方面讲,这一认识是仁慈政府神话的镜像。两者都同样不准确。

对于坚信政府是在乱干预的人来说,住房政策是一条连续的失败链。从这一角度来看,在可能出现的所有住房结果中,一个完全私人的、受最少管控的市场是最好的。市场互动既揭示了供给成本,又揭示了有效需求的水平。供需曲线交叉的地方就是生产的最佳水平。如果出现供给不足的问题,那是因为政府管控阻碍了供给自由运作。实现最佳的住房局面,需要撤销管控而不是改善管控。政府是无用的,并且会起到适得其反的作用。因此结论是,把政府赶出住房领域。

政府乱干预的错误认识给政策带来的影响很明显。在需求方面,如果其他一切政策都失灵了,就以租房券的形式转移支付,如果能大规模举债,则更好。在供应方面,不再受政府管控。实际上,后者应该优先于前者。这样看来,需求最终可以实现自我满足。那些真正想要工作的人会得到工作;如果他们的确不想工作,那么他们就不想付出获得体面住房所必需的成本,所以在道义上就没有权利享有体面的住房。

政府在乱干预,这一看法忽略了两个主要事实。第一个事实很简单,和补贴富有房东以及中产阶级房东的钱相比,用在公共住房上的联邦资金以及对工人阶级家庭和贫困家庭的直接补贴可以说微不足道。税收支出占了政府对住房补贴总额的四分之三以上,包括抵押贷款税收减免、房地产税减免以及房地产销售资本利得税递延。这些税收支出绝大多数都落入了最高收入阶层的纳税人手中。[29]如果政府一直在"干预"住房领域，其干预手段就始终是为那些已经能够承担自有房成本的人大幅削减自有房成本。认为政府所做的一切都是为了维护穷人的利益，是有悖于历史事实的。

第二，也是更重要的，政府乱干预的观点错误地理解了住房和政府之间的关系。它假定政府是一个闯入独立自主的住房市场的外来入侵者。市场被想象成一个理性的领域，政府干预越少，市场运作越高效。如果政府完全放手，市场会运作得非常完美。

事实上，住房总是依赖于政府行动，并和政府行动有内在的联系。政府以多种方式参与到住房实现的过程中。政府规划和建造住房所在的街道，并认证建造住房的材料和技术标准。政府管理或直接供应居住所需的水电、污水处理以及交通工具等基础设施。政府为履行合同以及界定法律关系提供方法，使住房的买卖、建造和租赁得以实现。政府从法律上捍卫家的神圣性，使其免受侵犯。政府创立并保护房产所有权，这种所有权使房东和租客的权利成为可能。政府影响资本用于住房或不用于住房的程度。

142

政府并没有对一个独立自主的住房市场进行干预。更准确地说，政府赋予了某些群体或者阶级以特权，这是其他人所没有的。在特定的住房问题上，政府的立场可强可弱。但是对于一个本质上就独立的领域，政府不会进行干预。在某种意义上，所有住房都是公共住房，因为所有住房都受政府行动的影响，并且都是由公权力决定的——实际上许多住房单元都享受着税收优惠以及其他形式的直接或间接公共补贴。[30]这并不是说政府在住房领域做什么都合理合法，也不是说不能批评政府行动。当然可以批评政府行动,政府也应该受到批评。但是将政府赶出住房市场的要求是缺乏逻辑的。住房体系和政府、法律以及公权力息息相关。问题始终是,针对具体住房问题,政府应该采取什么样的行动,而不是是否应该采取行动。

实际上,政府乱干预的观点,把政府当成了侵入主权市场的外来势力,不利于人们更加批判地分析政府在住房体系中的实际行为。如果总把政府看作入侵者,那么就难以辨认不同政策之间的差别。政府在建立和维护现状方面的角色,就被掩盖起来了。

有关政府干预的错误认识所要达到的经济目标和政治目标很明显,甚至是明目张胆的:证明削减社会和再分配项目支出的合理性;更容易废除那些限制私人获利自由的规定;关闭早已狭小的、去商品化的住房领域。如果要调查政府和住房实际是如何运转的,那么就不会把政府乱干预这种说法当真。然而,从一个实事求是的政治角度来看,政府干预确实对其受益人来说是很有用的。摆脱乱干预的政府并不意味着"将政府赶出住房市场",而意味着利用政府来再制造住房不公平。

正确认识住房政治

政府既不是一个中立的机构,也不是一个完全统一、齐心协力的组织。要了解政府在住房领域发挥的作用,就要对政府实际参与的那些冲突和斗争有一个清楚的了解。在美国,政府权力自始至终都是用来巩固社会等级制度,而不是消除社会等级制度的。但是,在不同的掌权者手中,在不同的情况下,政府可以用来创造不同的住房模式。我们前文讨论的两种错误认识都掩盖了这一点。

必须强调的是，住房政治的观点，以两个错误认识中的任意一个为基础，不仅误解了政府政策，也同样误解了市场。自由派认为，住房市场会导致住房问题，但是，他们却没有意识到，很多项目名义上是为了缓解居住之苦，而实际运作中却往往使开发商赚得盆满钵盈。另一方面，保守派对政府干预的错误认识，完全忽视了住房商品化造成的后果，认为市场供给必然优于政府行为，无论市场供给后果如何。从根本上来说，这两种观点都没有清楚地理解市场。

这场争论必须摆脱这样一种浅薄的观点，即住房问题归根到底就是找到一个政府和市场之间的合适平衡点。以这些简单的角度来看待住房问题是没有用的。政府行为可以用来将住房民主化，并重新分配住房，也可以用来维持不平等的现状，支持私人牟利。我们既不能信赖有关仁慈政府的错误认识，也不能信赖政府乱干预的错误认识，而是需要知道真正制定政府政策的是谁，政府政策真正满足的又是谁的利益。

第五章　纽约的住房运动

145　　2015 年 6 月 29 日晚,数百名租户和活动家聚集在曼哈顿阿斯特广场附近的库伯联盟学院大会堂(Cooper Union's Great Hall)中。他们聚集在一起,是为了见证租金指导委员会(Rent Guidelines Board)进行的一场投票。该委员会管控着纽约市一百多万份稳租租约的租金。自 1969 年成立以来,该委员会每年都表决同意上调房租。但是今年情况有所不同。房租飞涨,新闻报道表达同情,一场组织良好的运动涉及纽约各地的数十个群体,新任纽约市长表示支持——这些都表明,与往年相比,租户的呼声变高了。

租金指导委员会投票决定禁止一年期租约的租金上涨。租户们非常高兴,而房东们十分气愤,称这一举措是"不合理的"。[1] 事实上,
146　纽约房东的权势和以往一样大。[2] 但是,2015 年冻结租金的决定表明,在一个受房地产统治的城市,租户权力仍然存在并且充满活力。

为谁提供住房,在什么地方以什么价格提供住房,这些由谁决定呢? 房地产行业和政府是对住房最有影响力的两个因素,但是它们从没有完全控制过住房体系。无论如何,它们不得不与住房居住者较量,尤其是在这些居住者采取有组织的住房运动时。

对于一些人而言,住房意味着家,而不是房地产。[3] 住房运动就是

由这些人开展的民众斗争。用亨利·列斐伏尔的话讲,这些人代表"所有居住在房子里的人"组织起来开展活动。[4]从理论上讲,这可以涵盖所有人。但是,事实上,住户有多种身份:工人、专家、租户、自有房居住者、移民、某种族或民族社区成员等。因此,住房运动几乎可以有无数种形式。纵观住房运动史,在实行的战略、策略,追求的目标,合作的联盟,做出的政治算计、妥协,以及采取的思想等方面,各运动表现出巨大差异。

147

尽管存在这些不同,所有形式的住房激进主义都存在一个共同的目标,即保卫住房及保卫个人世界免遭经济压力。住房运动的斗争目标是使用价值而不是交换价值,是住户的利益,而不是房东、银行、开发商和投资人的利益,是作为家的居住场所,而不是假借住房之名去实现其他政治和经济目的。

住房运动常见的目标是什么? 这些目标又是如何实现的? 居住空间的使用者真正拥有什么样的权力? 不论在理论上还是实践上,这些问题都很重要。如果没有了解居民的集体权力,就无法全面地描述住房体系。活动家从来都不会得到他们要求的所有东西,但是政府在住房上采取的行动确实受到了他们的影响,有时甚至连他们组织起来这一小小的威胁也能产生影响。

住房运动和纽约市

纽约并不能代表所有城市。但是,纽约住房运动的历史表现出诸多典型特点。就像其他城市一样,纽约的住房运动一波接一波地发生。一场场运动出现,达到顶峰,然后走向结束,却从未被彻底消灭过。许多社会运动的发展都遵循着这种循环模式,但住房运动的循环性尤为强大。住房斗争旨在实现系统性改变,本身就是长期的。但是,个别家庭组织活动绝大多数是为了应对当下的紧急事件,例如驱逐、租金上涨或环境灾难。一个为反抗驱逐而斗争的家庭,在取得长期租约后,就少有动力去为那些不那么紧迫的问题继续斗争了。这是住房运动的一个问题,与此同时也是住房运动发展的一个推动力。

住房组织往往会经历变化及重新联合。很久之前就有人尝试组织永久的联盟,但无一成功。各住房组织相互组成联盟,时分时合。如果某些社会问题凸显出来,相应领域内的组织就会与住房体系发生交集。各住房组织也会致力于推动其他事业的各个团体合作,如反种族主义、福利权利、消费者权利、移民权利、公共卫生、女权主义者和性少数群体(LGBT)。

住房运动内部出现变动的一个原因是住房体系中结构位置的复杂性。租户和房东发生冲突,房主和银行进行斗争,开发商和公共住房住户产生矛盾,建筑工人动员起来反对房产所有者,投机商给租户和非营利住房组织制造问题。这些冲突大部分是局部的,并且是断断续续发生的,但有时候也反映在更高层面上,例如州或国际立法层面上。

住房运动自始至终都面临着一个问题:以谁为目标? 住房运动的焦点从住房领域私人力量之间的直接冲突——主要是租户和房东之间的直接冲突——转变为推动政府采取行动,然后焦点又转回到直接冲突。在不同时期和不同运动中,关注点不尽相同。在组织运动循环的最高点上,这两个关注点往往结合在一起。

就提出什么样的要求而言,各个运动有所分歧。各个运动一直反对逼迁和压迫,为得到居住权益和居住安全而斗争。但是,它们会根据政治形势采取不同的方式来达成目标。149

活动家和其他涉及住房问题的政治力量之间存在一种矛盾的、不断变化的关系。一些人积极致力于"善政"(good-government),对于他们来说,住房改革同公共卫生和社会秩序等更大范围的重要事项联系在一起。他们同慈善家、知识分子、专业人士、社会工作者和健康倡导者的共同努力既支持着住房斗争,也约束着住房斗争。专业的社会改革者更是住房活动家的一个长期强大盟友。改革者促成了与强大机构及精英决策者之间的联系,但也试图改变住房运动的目标以及目标实现的方式。

居住者的抗争,往往也涉及房屋所有权在住房体系中的角色问题。人们往往将追求自有房作为解决个人住房问题的途径。这受到长期广泛存在的意识形态立场的支持,并且往往促成有组织的行动。但是,如果在集体层面上寻求住房问题变革,这一途径有时会发挥积极作用,但往往会削弱积极的努力。自有房居住者也是住户,但是这些人在住房体系中有经济方面和政治方面的既得利益,其本身也会随着历史的变化而变化。总体来讲,对自有房的追求已经成为一种影响因素,限制了以住房为中心将人们组织起来的可能性,分化了其中的利益相关方。这种联系在全世界范围内都能见到。但是,与几乎所有其他国家相比,这种联系在美国更为明显。

纽约市的各个住房运动常常是由女性领导的。这些运动将社会再生产和消费政治化,因此,以生产和消费领域底层劳动者为力量来源,是理所当然的。女性为租户群体既提供了组织上和思想上的领150

导，又提供了群众力量。这是全世界住房运动共有的一个特征。

住房政治也常和种族及民族政治重叠在一起。有色人种社区，民族团体，公民权利组织，反种族歧视活动家以及那些为种族公平、民族公平而斗争的人，都已将消除住房歧视和住房不公作为目标。住房同种族、民族选区重叠，因此就很难区分住房民主化运动和种族平等运动。对于边缘群体来说，对充足住房的需求已经成为尊严这一基本需求的一部分。这也是全世界住房运动共有的一个特征。

那么，从历史事实来说，纽约市有没有一个单一、独特的住房运动，人人齐心协力、坚持不懈地追求一个共同目标呢？答案是否定的。纽约的住房运动是断断续续、多种多样的，但从未消失。

纽约住房运动前史

住房斗争是从土地斗争演变而来的。19世纪前，纽约市的住房问题本质上仍然是生产问题，支付租金是分享一部分农作物收成，而不是为了取得住房的居住权。在法律上及实际中，并没有对这两者进行区分。租户的反驱逐策略除了抗议被剥夺生计，也必然会抗议被驱逐出家园。但是矛盾的核心是让劳动者得到保障，而不是让住户得到保障。因此住房运动的原型是农村运动。

151 反对租户身份，有时会成为城市劳工斗争中的一项要求。19世纪20年代，纽约市劳工领导者托马斯·斯基德莫尔（Thomas Skidmore）提倡废除租金以及全民拥有土地所有权。但是他的呼声似乎并没有得到响应，他在劳工运动中的职位被罢免了，部分原因是他对房产所有权的看法过于激进。斯基德莫尔沿袭了传统思想，其中包括于

1844 年成立的国家改革协会（National Reform Association）以及之后在 1886 年纽约市市长竞选中落选的政治经济学家亨利·乔治（Henry George）的思想。斯基德莫尔和乔治都将土地问题视为纠正整体经济不公平的方法，而不是住房问题本身。他们将改变所有权条件看作解决社会不公平的出路。[5]

19 世纪上半叶，住房变成了一个关键问题。1837 年经济危机引起失业者人数激增，济贫院人满为患。对于成千上万的人而言，被驱逐是一个迫在眉睫的威胁。租金、食物和其他生活必需品的价格都超出了人们的承受范围。经常有人对房东乱收房租和剥削的行为进行抨击。1837 年 2 月发起的一场游行示威打出标语："面包、肉食、房租、燃料的价格必须下调！必须听到人民的呼声！接受人民的意见！"[6]房租如今是一个城市问题，而不再是农业生产的一部分。土地所有权这一目标聚集了许多不同的利益集团，包括劳工组织、租户、平民主义政治领袖和经济改革者。

在美国早期的民众住房政治中，最激进的是 19 世纪上半叶的抗租运动。从 1839 年至 1859 年，纽约州的抗租运动持续了大约 20 年，涉及 30 万名住户和 200 万英亩土地。[7]哈德逊河谷大型地产上的佃农要求获得他们使用的土地的所有权。他们组成了反抗驱逐的武装小队，用身体阻止警察将一个个家庭驱逐出去。他们成立了组织来支持竞选公职的候选人，起诉与其争夺所有权的地主，游说州立法机关通过有利于保护租户的法律。最终，抗租运动获得了充分的法律保护，迫使很多地主以优惠的价格出售他们的土地，消除地主与佃农关系中最严重的行径。

1844 年，爱尔兰租户和住房改革者组织了一个名为"纽约租户联盟"(Tenant League in the New York City)的团体,这是纽约首个专门关注住房问题的运动。他们谴责彼时统治纽约的复杂的"土地制度",是"给人类带来最大伤害的诅咒之一"。[8]租户联盟首次提出了一个要求,为了公平和公共利益,对私人住宅的租金进行控制。后来20世纪多数有组织的住房运动均以该要求为中心。

激进租户运动的诞生

随着工业城市主义的发展和城市化程度的加深,纽约的住房运动变得和土地改革运动完全不同。19世纪末,一种复杂的工业经济在纽约不断发展,租户的数量稳步增长。自纽约市建立以来,工人阶级租户的数量就稳定增长,1890年至1910年间,租户数量大幅增长。这段时期的住房状况引起了反抗浪潮和改革运动浪潮。雅各布·里斯等城市摄影的开创者对这些住房状况进行了广泛记录。[9]

纽约市的租户经历过工业运动的洗礼,且常具备欧洲革命的政治背景,因此他们发起了首次直接质疑城市住房供给体系的运动。在20世纪早期,租户政治活动激进、有序且有效。大量的抗议活动针对的是私人房东和政府,要求私人房东回降租金和定期维护房屋,并要求从政府那里获得租户保护和公共住房。

1904年,曼哈顿下东区发起了第一次有组织、有记录的直接行动。[10]这里主要是从事服装行业的东欧犹太工人阶级聚居地,租金十分昂贵。据一位租户说,下东区的租户"生活和工作都是为了房东"。[11]这里十分拥挤,据说是地球上人口最密集的地方。租金连年上涨,许多家庭早已被迫搬去更远的社区。1904年,房东们决定将租金额外上涨 20％到 30％,利用住房短缺获利。[12]

　　每年 5 月 1 日租约到期时,房东就会宣布提高租金。这已经成了一个令人恐惧的惯例,被称作"搬迁日"。但是 1904 年 4 月,数百个家庭拒绝支付上涨的租金。他们在房东家门前抗议,并且走上街头进行抗议游行。这些拒付租金的人四处宣传,说如果有房东拒绝协商,那么大家就不要去租住他们的房子。[13]

　　1904 年抗租运动的推动力,来自两年前一次成功的消费者运动。当时,犹太女性发起了一场抵制犹太教肉店活动,成功逆转了纽约市肉价上涨的局面。消费者运动证明了抵制活动是有效的,因此,这一方法又用于反抗租金上涨。抵制活动同样要借助工会运动和激进政党的力量。为了支持抗租运动,社会民主党举行了一场群众大会。一位演讲者在这次大会中宣称:"只要你们继续制定法律,让资本家可以凭此拥有一切生活所需,情况就不会发生改变。"[14]"抗租"和"租户联盟"这种说法,本身就表明了与劳工政治的关联。没有参加抗租运动的住户被嘲笑为"工贼"。[15]

　　集体抗租实现了短期目标。法院总体上是仁慈的。之前房东用驱逐来威胁那些没有支付房租的租户,但是后来大部分房东并没有坚持他们的威胁,而且还降了租金。然而,由租户们成立的纽约租金保护协会(New York Rent Protective Association)这一正式组织只是昙花一现。一个社会主义团体想要扩大斗争,其自身组织却很快就消亡了。租户组织快速形成,并同样快速分裂,这成为纽约住房运动的一个特点。

　　纽约集体抗租行动的第二次大浪潮发生在 1907 年大萧条背景之下。这时,社会党在抗租组织中掌握了主动权,并加强租金之战的意识形态武装。在东百老汇大街的一次租户集会中,一个主要由意第绪语使用者组成的群体被劝说不仅要反抗地主所有制,还要反抗资本主义。一位发言者称:

> 美国是世界上最富有、最发达的国家。是什么成就了美国?是那些富人吗?不是的。是警察局长吗?不是的。是穷人成就了这个国家。解决这种租金弊端及所有弊端的唯一办法就是社会主义。我们必须团结一致,人人为我,我为人人,让租金降下来![16]

红旗——实际上是被染成红色的裙子——挂在了参加抗租运动的租户窗前。[17]但是反资本主义的辞令激起了反共情绪。在房东的要求下,法院颁布了上千条驱逐通知,最终破坏了抗租运动。

下一个重要的运动浪潮从 1917 年一直持续到 1920 年。这场运动或许是纽约历史上规模最大、最激进的住房暴动。该运动波及的范围比以往更大,涉及的不仅仅是犹太人家庭,还有布鲁克林区、哈莱姆区和下东区的意大利租户和爱尔兰租户。[18]

住房暴动占领了纽约。在东五街贝多芬大厅[19]举行的一次群众集会中,劳工领袖、记者、纽约市议会社会主义议员巴鲁克·查尼·弗拉德克(Baruch Charney Vladeck)呼吁在整个纽约市进行集体抗租运动。他认为,如果将所有街区的所有楼房都组织起来,就能战胜法官和执行官们。弗拉德克称:"纽约市的人们团结一致改善其居住环境,有人称其为布尔什维克主义或无政府主义,但是我认为它是真正的美国精神的信条之一。"雅各布·潘森(Jacob Panken)是社会党的一员,也是纽约市的一名法官。他力劝抗议人群去接管第五大道(Fifth Avenue)和河滨大道(Riverside Drive)上闲置的豪华大楼。潘森称:"政府有权力抢夺我们的生活,我们就有权抢夺这些住所。"[20]

一系列的租户联盟逐渐在纽约各个地方出现,先是曼哈顿华盛顿高地,紧接着是威廉斯堡、哈莱姆区、布朗斯维尔、自治市公园、特里蒙特、大学高地等地方。这些联盟结合在一起,形成了大纽约租户联盟(Greater New York Tenants League),最终发展成为大纽约租户组织联合会(Federation of Tenants Organizations of Greater New York)。[21]这些联盟大部分都深受社会主义理想的激励,常与社会党有非常紧密的组织联系。例如,东哈莱姆区租户联盟驻于当地一间社会主义办公室。弗拉德克、潘森和亚伯拉罕·贝克曼(Abraham Beckerman)等党派政治家推动了租户运动,将其视为他们更广泛的政治活动的一部分。威廉·卡林(William Karlin)是市法官的候选人,也是州众议院前议员,他在 1919 年宣称:"社会党不是说你应该少付房租,而是说你不应该付房租……在社会主义纲领中,人民应当获得并永远保有住所和土地。"[22]

左翼政党及劳工联盟联合那些只是试图勉强维持生计的租户,让纽约的房地产权势集团感到害怕。市长约翰·海兰(John Hylan)领导的住房协商委员会(Housing Conference Committee)的一名成员宣布:"我们正面临一场住房领域的危机……除非采取激进行动,否则就会发生一些极端的事情。"[23]一位房东的大楼中形成了他所说的"租户的苏维埃",他对此感到十分恐惧。[24]廉租公寓所有者也组织了自己的团体,包括布朗克斯业主联盟(Federation of Bronx Property Owners)以及布朗斯维尔房东协会(Brownsville Landlords

Association）。他们成立这些组织是为了保护自己的利益并联合警察镇压租户行动。[25]

纽约市政府和州政府担心可能爆发危机，就通过了《紧急租金法》（Emergency Rent Laws）。该法案是至今仍存在的纽约租金管制法的前身。它实施了管制，并为租户提供了一些保护，使他们免受驱逐。

"一战"后的抗租行动显示了有组织的租户具有的潜力。但是抗租行动的结束也标志着住房运动的周期性终止。房东为小部分住户提供保护，且受到保护的人数不断减少。房东分化受社会主义鼓舞的租户联盟并拉拢他们。战后反动、排外的"红色恐惧"（Red Score）席卷全美，租户联盟也受到影响。在纽约，来自两大主流政党的政治家们都在攻击左派。五位社会党人——其中两位也是租户领导者——在 1919 年被选举为纽约州议会议员，但被拒绝给予席位，受到审讯，最终在 1920 年 3 月被除名。

大概在同一时间，社会党就是否加入共产国际的问题产生了分歧，并出现了分裂。这场分裂促成了一个政党的成立，并于 1920 年后发展为美国共产党。但是社会党和共产党在住房问题上都失去了影响力。[26]这两个政党在住房和阶级斗争上建立起来的许多联系都不复存在。各种激进的住房要求——从公共住房到基于租户需求的永久租金管制——都不存在了，取而代之的是让租户和房东进行"公平协商"的自由派要求。更多保守派的租户联盟停止了他们的反抗策略，并发展成专业的协会。他们关注如何在法律框架下用官僚主义方法来妥善处理各样的抱怨——这是一种服务机构的方法，而不是社区组织或运动。[27]《紧急租金法》的作用日渐削弱，并最终废止。

在大萧条时期,住房运动再度出现。相比于过去,这一时期的住房运动更具有包容性,不再局限于白人移民工人阶级。1928 年,出生于巴巴多斯的民权活动家兼共产党员理查德·B.摩尔(Richard B. Moore)发表讲话,促使华盛顿高地租户联盟举行了一次会议。摩尔的组织和演讲促成了哈莱姆租户联盟的诞生。该组织的建立是为了反抗摩尔所描述的“当今黑人群体所遭受的糟糕的住房环境,而当前压迫他们的制度基石就是租金、利息和利益”。[28]

当时,哈莱姆区的住房不公平现象十分显著。该地区的很多住房没有得到在外业主的看管,处于失修状态。普遍的歧视限制了黑人住户,他们只能住在少数的社区,这些社区房租又很高。很多住户刚刚从美国南部各州和加勒比海地区移居过来,很难支付昂贵而又破旧的住房。正如摩尔在《工人日报》(*Daily Worker*)一篇文章中所说:

资本主义的社会阶级制度把黑人工人隔离在黑人隔离区。这使得受双重剥削的黑人工人特别容易成为租金欺诈的受害者。黑人房东、白人房东及房地产机构利用这一隔离制度来榨取被束缚在“黑人隔离区”的黑人工人阶级的最后一点财富。[29]

哈莱姆租户联盟组织抗议活动,要求房东回降租金并对房屋进行必要的维修。他们的努力最终促成了 1930 年多项法律的出台,加强了租户的法律地位。

随着 20 世纪 30 年代初纽约遭受大萧条的重击,住房行动席卷了布朗克斯区、布鲁克林区、曼哈顿上城和下东区。租户们组织了罢

161

工纠察队、公众集会和游行活动,并参与到和房东的公开斗争中。1932年,在《纽约时报》(New York Times)所描述的"布朗克斯共产主义区域",各个团体聚集在一起,有男有女,高唱《国际歌》。[30]一场反叛似乎近在眼前。《纽约时报》称:"那些女性是最好战的。"反抗活动在继续蔓延。

在整个纽约市,参与活动的人们通过封锁公寓、骚扰警察、扰乱搬运工人来阻碍驱逐。他们的邻居在早已拥挤不堪的公寓里腾出空间,容纳因为参加抗议活动而无家可归的家庭。晚上,他们守卫被驱逐者的家具,或将家具搬回住房里面。

房东们同样组织得更团结。他们设立基金,当租户进行抗租行动时,房东们可以利用这些基金互相帮助偿付账单。他们互通那些积极参与政治活动的租户黑名单,并安排警察和城市执行官攻击纠察队。这些行动都是为了"让街道远离抗租者"。[31]

随着大萧条结束以及接下来战争的爆发,政府采取了救济措施,为部分人提供援助,但许多社区仍处于绝望的境地。

大萧条期间,遭受苦难的不仅仅是那些工人阶级租户。1933年,纽约市皇后区阳光花园(Sunnyside Gardens)的房东,组织了一场支持债务重组和反对房屋止赎的运动。[32]1934年,中产阶级活动家在哈莱姆区的一处富裕地区——糖山(Sugar Hill)——组织了集体抗租运动,并且在下东区限制股利开发的尼克伯克村(Knickerbocker Village)组织了抗议活动。1936年,纽约市各地的租户活动家们组成了"全市租户联盟"(City-Wide Tenants League),其领袖是海因茨·诺登(Heinz Norden)。他是一位作家,也是歌德(Goethe)和里尔克(Rilke)的翻译者,"代表典型的'人民阵线的特质'"。[33]该联盟成为一个桥梁，连接有不同观点、不同阶级的自由派和激进派。联盟与各基层运动合作，也与立法者合作，其组织方式体现了"大众抗议策略与法律路径的巧妙结合"[34]。事实证明该组织方式非常有效。

同之前发起的运动一样，20世纪30年代和40年代的住房运动也从左派政党中汲取力量。美国劳工党（American Labor Party）——由下东区的服装厂工人创立，旨在于民主党之外寻求方法来支持罗斯福（Roosevelt）和拉瓜迪亚（La Guardia）——将租户政治作为其选举策略的核心。美国劳工党成员坚定地支持租户的权利，如维托·马卡托尼奥（Vito Marcantonio），他是一名极受欢迎的美国众议院议员，同时也是东哈莱姆区的市政委员会成员。另外还有前爱尔兰共和主义者兼共产主义拥护者迈克·奎尔（Mike Quill），他领导着纽约颇有影响力的运输工人联盟（Transport Workers Union）。[35]

美国共产党也是集体抗租行动和反驱逐行动的重要发起者。租户们自始至终都受到市政委员会的两位共产党员的支持，一位是来自布鲁克林区的意大利裔美国人彼得·卡基奥内（Peter Cacchione），另一位是来自哈莱姆区的非裔美国人本杰明·戴维斯（Benjamin Davis）。[36]但是历史学家马克·耐森（Mark Naison）称，美国共产党欠缺合法性考量和整体战略。"共产党没有系统地分析住房危机，也没有从立法的角度寻求解决住房危机的措施。"[37]共产党员采取行动是想增加党员人数，也是为了增强共产党和遭受磨难的工人阶级家庭之间的团结。不过，"共产党领导的失业委员会"（Communist-led Unemployed Councils）以及居住在布朗克斯合作公寓中的共产党员为许多活动提供了重要支持。

像一些人希望的那样,租户激进分子没有成功地改变住房体系。然而,他们确实为取得切实的成果创造了条件。在整个 20 世纪 30 年代和 40 年代,一系列的法律和法院判决都有助于在纽约市建立一个新的租户权利体系,对租金上涨、大楼维护以及纠察队权利等进行规范。纽约市住房体系的两大中心部分——公共住房和租金管制——在这一时期首次建立。在整个纽约市,个人出租的、规模较小的住所,均回降了租金,并为租户作出了其他让步。这些胜利都是一种妥协,反映了城市增长机器的需求,又反映了住房运动的需求。[38] 但是,如果没有租户几十年来的不断施压,纽约市的住房之困必然会更加严重。

战后都市的住房运动

165   第二次世界大战结束前,纽约住房运动进入了一个新阶段。新政、战时政府干预主义以及就支持贫民窟清理达成的越来越多共识,这三个因素使得政府在住房体系的各个方面越来越活跃。

正如历史学家罗伯塔·戈尔德(Roberta Gold)所说的那样,罗伯特·摩西(Robert Moses)和区域规划协会的领导者等城市再开发技术专家的设计,都"符合资本逻辑,也同样体现了规划绅士阶层的一丝不苟"。[39] 城市更新代表着政府权力的行使,主要是为了实现房地产行业的目标。在整个 20 世纪 40 年代和 50 年代,活动家们都在做准备,对此进行反抗。

战后时期,纽约市充满着胜利者的自信。住房运动针对的对象比过去更多,包括私人房东及其对租户的不断压榨,还有政府本身。

反抗者们批评政府政策未能管控私人住房和提供数量充足的公共住房。但是,他们也批评城市更新本身对工人阶级社区造成的破坏。尽管贫民窟清理机构告诉他们,反对开发就是反对房屋建设,活动家们仍然确信这两者并不矛盾。

　　一些租户联盟的基地位于纽约市房屋局公共住房开发区。这些联盟在这一时期产生了一些最具凝聚力的运动组织。当纽约市房屋局开始驱逐一些收入超过了之前设定上限的家庭时,一个新的组织——项目间租户委员会(the Inter-project Tenants Council)便应运而生了,旨在阻止租户遭到驱逐。纽约市房屋局的一些租户联盟和住户联盟发展成了强大的地方权势集团,如威廉斯堡住宅区(Williamsburg Houses),红钩房屋(Red Hook Houses)以及规模巨大、组织良好的皇后大桥公寓楼(Queensbridge Houses)中的一些联盟。但是,禁止使用社区设施去达成政治目的等规定和反激进怀疑思潮在更大范围内扩散,削弱了纽约市房屋局治下的住房行动。纽约市和其他城市的公共住房被怀疑是破坏分子的巢穴。城市更新利维坦的力量持续增强,一些所谓的受益者的反对声音听起来空洞无力。公共住房住户联盟开始"逐渐失去其道德影响力"。[40]

　　其他质疑城市更新和贫民窟清理的群体也面临着相似的挑战。1943 年,在史岱文森镇(Stuyvesant Town)和彼得库珀村(Peter Cooper Village)的开发问题上引发的争论就是此类冲突的典型。拉瓜迪亚政府和都市生活保险公司(Metropolitan Life Insurance Company)之间的一个早期公私合作项目,有可能造成 3 800 户工人阶级家庭被迫搬迁。该项目的建筑设计和场地设计,包括只许白人入住的住户筛选政策,都和早期的公共住房极其相似。由激进租户组成的大纽约租户联合会(United Tenants League of Greater New York)、来自联合社区住房(United Neighborhood Houses)的自由派人士及其他群体联手反对该项目。由于自由派住房群体联盟、房地产利益集团和纽约市政府成员联合起来,对租户进行劝说,让他们相信他们最好的希望就是和城市增长机器合作,于是反对该项目的声音就渐渐变弱了。[41]

虽然面临很多挫折,还要与罗伯特·摩西及其伙伴等城市更新操作者进行艰难对抗,但是在城市更新中,束手无策的社区大多进行了某种形式的抗争。"拯救我们的家园"委员会(Save Our Homes committees)在纽约市各个社区都组建了委员会。其中的某些活动得到了社区服务协会(Community Service Society)等慈善机构的支持;睦邻之家(settlement houses)也提供了支持,睦邻之家一直坚定地支持贫民窟清理,但从 20 世纪 50 年代末开始,越来越多地参与租户政治。反对城市更新的租户活动家同样获得了刘易斯·芒福德和查理士·埃布尔拉姆斯(Charles Abrams)及简·雅各布斯(Jane Jacobs)等城市专家的支持,其中简·雅各布斯不仅撰写名作批评摩西,还是格林威治村[*]一位坚持不懈的社区活动家。[42]纽约市五个区的社区运动逐渐使民意和政治机构转向反对城市更新。

大都市住房委员会(Metropolitan Council on Housing)是纽约市持续时间最长的住房组织之一,其由来可以追溯到这段时期。[43]该委员会于 1959 年成立,聚集了各个群体,包括租户、劳工组织者、社

---

[*] 位于纽约市西区,住着许多作家、艺术家,是美国各种激进思想和文艺潮流的发生地。——编者注

区领导者、美国劳工党和共产党激进分子以及来自中产阶级和工人阶级的专家。该委员会从一些坚定的活动家那里汲取智慧和经验，如弗朗西斯·戈尔丁(Frances Goldin)、简和罗伯特·伍德(Jane and Robert Wood)、比尔·斯坦利(Bill Stanley)、埃斯特·兰德(Esther Rand)以及简·本尼迪克特(Jane Benedict)。该委员会在法院、街道以及媒体层面开展活动，并于 20 世纪 60 年代组织多次运动要求获得公共住房，反对破坏社群，并对上西区、约克维尔、切尔西等社区提出替代方案。大都市住房委员会很快就成为"美国最具影响力的租户团体之一"[44]，同时也是纽约住房运动的一大支柱。在整个 20 世纪 60 年代，该委员会始终和它旧左派的根源保持着联系。

同时，新一波住房浪潮正在集聚力量。杰西·格雷(Jesse Gray)是一位退伍军人，也是一名共产党员。格雷年轻时曾研究过格拉斯哥的抗租行动以及《住房问题》(*The Housing Question*)一书。[45]20 世纪 50 年代中期，格雷开始在哈莱姆区组织那些非裔美国租户。尽管政府做出了一些改善，但是哈莱姆区的住房危机已经持续了数十年之久。为了应对这一状况，格雷成立了下哈莱姆区租户委员会(Lower Harlem Tenants Council)，后很快更名为住房社区委员会(Community Council on Housing)。该组织组建租户联盟，设立街区监督员，并组织了集会、游行以及抗租行动。

整个 20 世纪 50 年代，租户委员会所做的努力几乎无助于改善哈莱姆区的居住环境。但是在 20 世纪 60 年代初期，哈莱姆区的住户及居住在其他有色人种社区里的租户，从民权运动中汲取了力量，重新发动了住房运动。

住房社区委员会最出名的一个时刻，发生在 1963 年 12 月 30

日。住在第117街廉租公寓的5名租户因为没有支付租金而被告上法庭。在一群情绪激昂的支持者和新闻媒体面前，这5名租户展示了令人惊讶的证据，来证明自己居住在非人道的环境中，即三只巨大的死老鼠。

在法庭上是不允许将死老鼠作为证据的。但是法官确实认可了居住在有害环境中的租户有权拒付租金。[46]这次老鼠噱头是一场由格雷巧妙协调的新闻事件。此事成功将纽约人民的注意力集中到了哈莱姆区的居住环境上。住房社区委员会继续推进他们的运动。哈莱姆区抗租行动此后又持续了2年。

一些观察家既质疑格雷对媒体宣传的偏好，又质疑他将租户卷入官司的策略。[47]但是住房社区委员会的直接行动确实带来了一些改善。哈莱姆区出现了大规模的住房视察，增加了对可疑房东的仔细盘查，集体抗租者可以优先进入纽约市房屋局的建筑，并且公众开始意识到纽约住房机构的种族歧视。[48]随着抗议活动蔓延，那些推进改革的住房官员可以利用公众压力，加强其在各自机构中的存在感。[49]

纽约其他地方的租金暴动和哈莱姆区的租金暴动相似。学者弗朗西斯·福克斯·派文（Frances Fox Piven）及理查德·克洛沃德（Richard Cloward）组织了青年动员机构（Mobilization for Youth），他们和下东区的住户们共同努力，创立了一个集体抗租委员会。杰西·格雷、大都市住房委员会、波多黎各人联盟以及大学睦邻之家都加入了该委员会。种族平等大会（Congress of Racial Equality）是一个全国性的民权组织，其在布鲁克林的地方分会开始支持贝德福德-史岱文森（Bedford-Stuyvesant）社区的集体抗租行动。在布鲁克林区的其他地方,红钩房屋的租户停止为那些不适宜居住的公寓支付房租。这种情况促使法院做出裁决,即如果房东拒绝对房屋进行必要的维修,那么就构成非法驱逐的罪名,租户有权拒付租金,直到情况得到改善。法官弗雷德·莫里特(Fred Moritt)之后说道:"我只是采用了一项古老的、基本的法律,它规定你不必为没有获得的东西背负债务。无论是在布鲁克林区的公园大道(Park Avenue)还是在纽约的公园大道,皆是如此。"[50]

纽约的租户运动和不断扩大的公民权利运动互相促进。全国有色人种协进会(NAACP)和其他重要的民权组织公开与哈莱姆区的抗租者结成联盟。种族平等大会越来越多地参与其中,声称他们在1964 年世博会外进行"阻塞交通示威"的主要原因之一就是住房问题。[51]

住房行动也从新兴的"黑人力量"组织(Black Power)的语言和策略中获得了支持。1964 年夏,在哈莱姆区一场反对警察暴行的群众大会上,杰西·格雷和马尔克姆·X(Malcolm X)逐渐结成联盟,呼吁进行"游击战"。[52]住房是黑豹党(Black Panther Party)的十点计划中的一部分。该党派组织了抗租运动,设立社区医疗诊所,并在哈莱姆区、布朗克斯区和布鲁克林区组织了抗议活动。青年领主党(Young Lords Party)是黑豹党在波罗黎各人社区的同伴,他们一起开展关于住房、健康和城市服务的运动。

自 20 世纪 70 年代起,住房暴动再次席卷纽约。在上西区,活动家们让那些工人阶级的黑人家庭和拉丁裔家庭搬进因城市更新而闲置的公寓。[53]这场由擅自占用他人住房者发起的"搬进运动"(Operation Move-In)很快就蔓延到晨边高地、切尔西和下东区。义和拳(I Wor Kuen)是效仿青年领主党和黑豹党成立的唐人街青年组织。该组织领导了一场社区健康运动,并擅自占用了贝尔电话公司位于市中心的大楼。[54]

　　20世纪60年代及70年代早期兴起了"二战"后最大的住房运动浪潮。民权运动和黑人力量运动引起了激进浪潮,活动家们以此为基础,联合了新旧左派,成功将住房问题与围绕着种族主义、阶级以及不平等问题而展开的更大斗争联系在一起。

　　但是像乔尔·施瓦茨(Joel Schwartz)等历史学家将这个时代视为一个失败,"就像工会无法威慑自由自在的工业雇主一样,租户也无法威慑自由自在的房东……最终,遭受忽视的是无数的低收入租户"。[55]20世纪60年代之后,废弃住房的现象变得很普遍。公共住房和租金管制再也不会扩大。20世纪70年代的财政危机,将再次引发纽约市的住房苦难和政治右倾。活动家没有改变住房体系,而且改革的基础结构更加偏向房地产利益。

新自由主义时代的纽约住房运动

　　20世纪70年代是纽约住房史上的一个转折点。在那之前,寻求改善住房、将住房民主化的活动家们都在发动攻势。他们面临许多强劲对手,并经历了多次失败,但是利用重大社会干涉和政治干涉来改变住房体系,似乎还是有可能实现的。20世纪70年代后,活动家们继续在不利的环境中做着艰难斗争,但是他们很大程度上只是采取了守势。

　　20世纪70年代中期财政危机后的几十年间,纽约政权发生了转变。由于纽约的社会民主政体具有局限性和矛盾性,该政体被新自由主义增长模式取代了。[56]起初,在市长阿贝·比姆(Abe Beame)及埃德·科克(Ed Koch)的管理之下,这一转变过程采取的形式是削减开支以及私有化。后来,鲁道夫·朱利亚尼(Rudolph Giuliani)担任纽约市长期间,推行了更激进的社会政策。[57]纽约经济的划时代转变推动了政权转变的整体过程,政权转变又反过来促进了经济转变。1950年纽约制造业发展到顶峰,在随后的20年间,纽约工人一直在经历失业。但是在20世纪70年代之前,去工业化严重破坏了纽约的工人阶级社区。与此同时,金融、保险以及房地产领域都得到了发展。

纽约市新自由主义变革一开始就促成了住房领域的两大趋势:绅士化和废弃。这两个过程似乎是截然相反的对立面,但是持批评立场的观察家认为它们不过是一个事物的两个方面。[58]这两者都是在城市经济经历快速变革这一背景下住房商品化所造成的后果,都因政府政策而加剧,[59]都成了住房活动家们的目标。

住房废弃给纽约社区带来了一波又一波的破坏。如果房东认为维修房屋不再能获利时,就会废弃这些住房。一些房东为了获得巨额保险偿付,还会烧毁自己的房屋,不管是否有租客居住。当纽约穷人的失业率上升并变得更加贫穷时,住房废弃率大幅上升。1961年大约有1 000套住房被废弃,这一数目在1968年上升到7 000套左右。20世纪70年代大部分时间里,纽约市每年失去近40 000套住房单元。[60]进入20世纪80年代后,住房弃置、纵火、服务削减以及最终的艾滋病蔓延,都极大程度上加剧了住房问题和健康问题。[61]

活动家们对这样的灾难采取的应对之策就是靠自己解决这些问

174

175

题。威廉斯堡的洛斯苏雷斯(Los Sures)以及朗伍德(Longwood)的香蕉凯利(Banana Kelly)等社区的组织帮助租户直接掌管那些废弃的住房,并把这些房子变成合作住房。一些住房之所以能开展这些活动,是因为一开始就成功地抗租。有些组织良好的租户好几个月都不付房租,后来他们的房东没有收取房租就直接离开了,租户就利用这笔钱自己对住房进行维修。在其他情况下,主张自给自足的人们搬进那些闲置的住房中,他们的目的很明显,就是要通过自己的劳动修复住房。[62]

很多被房东废弃的大楼变成了政府的产业。通过对物诉讼,纽约市政府可以拿走拖欠税款的不动产的所有权。1979年之前,纽约市政府持有了40 000套已使用的公寓和60 000套闲置的公寓。[63]继纽约市房屋局之后,纽约市住房保护和发展部(New York City Department of Housing Preservation and Development)成了纽约市的第二大房东。纽约市政府储存着大量的不动产物权,因此,纽约市政府可以扩大低收入住房供应。但是,因为政府既没有意愿也没做好准备,利用此次危机在更深层次上改变住房体系,物权"成为一个昂贵的标志,象征着纽约市进步住房运动传统竭力避开的一切"。[64]事实证明,在一些地区,纽约市政府和最糟糕的租金敲诈者一样草率。在其他地区,纽约市政府利用不动产物权和J-51、421-a等税收补贴政策来推动政府主导的绅士化。[65]

当住房废弃破坏一些社区时,绅士化迫使一些贫穷的住户离开家园。反绅士化行动往往以局部地区为根基,无法联合起来。但是,纽约20世纪70年代和80年代开始实施大规模绅士化时,各个组织都强烈反对逼迁、住房商品化、牟取暴利,并提出替代方案。

在下东区，投机者们继续使用陈旧的把戏。他们购入那些被占用的住房，赶走租金受管制的住房中的租户，并且提升租金。纽约市政府想利用通过对物诉讼储备的大量住房加速该地区的再开发。为了应对这种状况，库珀广场社区开发委员会（Cooper Square Community Development Committee）和下东区房屋倡导组织GOLES（Good Ole Lower East Side）等住房组织与教堂、睦邻之家、社会服务机构以及其他群体一起，组成了下东区联合规划理事会（Lower East Side Joint Planing Council）。[66]该理事会已经见证了再开发进程是如何将曾经工业发达的苏豪区（SoHo）变成一片排外飞地的。在这种情况下，该理事会制订了一系列计划来阻止下东区的投机行为，其计划对象包括了公共住房，但是集中关注的对象是合作性平价住房。不过，纽约市政府推行了计划，将其在下东区的房产私有化。尽管纽约市政府象征性地对下东区联合规划理事会做出了一些让步，下东区仍然每天都存在着驱逐、租金上涨以及住房改建等现象。

纽约市各个地区都重复着这一模式。通常是社区提出计划，而纽约市对该计划置之不理。[67]批评者认为，反绅士化的活动家是失去理性的抗法者，但事实并非如此。活动家们对他们的社区应该变成什么样发表了自己的看法。但是，由于房地产利益集团压倒社区组织，这些可替代的措施一直被忽视，20世纪80年代和90年代纽约市住房市场回归盈利状况时，尤其如此。

下东区最激烈的反对来自擅自占用空房者。[68]擅自占用空房起源于"搬进运动"，到20世纪80年代前就已经成为一种更加强大的运动。突击搜查、驱逐、切断供电和供水、同警察对抗，这些现象司空见惯。城市定居协助会（Urban Homestead Assistance Board）等组织给予擅自占用空房者和定居者援助，并在必要的时候帮助这些人，就他们的住房法律地位同纽约市政府进行协商。

但是事实证明，作为住房策略，擅自占用空房具有很大的局限性。占用空房这种抗争形式所表现出来的问题和其他反抗活动的问题截然不同。一些占用空房者表达了他们的担忧：他们可能成为"绅士化的真正冲锋队员"。[69]其他占用空房者主要是一些单独行动的个人，他们只是想为自己找寻稳定的住房，和其他更大的运动并无关联。纽约市政府对占用空房者采取了暴力手段。这些人对住房产权的态度不明确，对此，公众的看法也分化成两极。

1988年汤普金斯广场公园暴乱是20世纪末住房运动最为臭名昭著的时刻之一。参与者包括擅自占用空房者、社会工作者、社区组织和各类社区人物。公园变成了许多斗争的爆发点，其内容是反对曼哈顿市中心的住房和社区改变。在下东区周围的各街道，租金上涨和猖獗的投机行为让各社区紧张不安。怒火尤其集中于紧邻汤普金斯广场的一栋16层大楼，也就是克里斯托多拉住宅（Christadora House）。该大楼于1929年由一家慈善机构建造，此后曾容纳了一个社区中心、一间福利事业办公室及黑豹党的一个地方分部。1978年，大楼被贴上封条，出售给一名私人竞价者。1984年，花旗银行利用了各种税收减免和税收补贴，支持将该大楼转变为豪华公寓。引人注目的财富在贫穷的人中招摇过市，使得该大楼成为新的住房不公的象征。居住在那儿的一位作家说，当地的活动家将该大楼视为"撒旦的化身"。[70]

到1988年夏季，为了应对先前发生的暴力事件，纽约市警察局已经尝试在汤普金斯广场公园实行夜间 1 点钟的宵禁。8 月 6 日晚,数百人聚集在广场上,其中包括擅自占用空房者、租户、无家可归者、流氓、艺术家等。他们拿着爆竹和手提录音机,一边喊着"打倒雅皮士*人渣",一边举着"绅士化即阶级战争"的横幅。他们和 400 多名防暴警察发生冲突,造成 38 人受伤。《纽约时报》宣告:"B 大道上爆发了一场阶级斗争。"[71]事后有关警察暴行的投诉多达 100 多条。[72]

汤普金斯广场暴乱后,越发清晰的一点是,工人阶级租户和贫困租户面临的压力越来越大。20 世纪 90 年代,房地产投机和政府项目的削减再度导致住房危机恶化。房东们想方设法地要把租金管制住房中的租户赶出去,因此,他们大幅上涨租金,然后驱逐租户。受补贴的住房和租金稳定的公寓的数量骤减。这些趋势一直持续到今天。对于那些并不富裕的住户而言,纽约的住房形势变得比以往更不稳定。[73]

朱利亚尼和布隆伯格两位纽约市长任职期间,人们越来越买不起房,住房不平等状况也越来越严重。为了将纽约市远离中心地带的外部区域据为己有,豪华的新建楼区从传统的繁华中心地带向外延伸,占领了城市远郊。处于"过渡"社区的房东雇用律师和恶棍,帮助他们将租户从租金管制住房单元中赶出去。低收入的家庭,尤其是那些数量不断上升的移民中的低收入家庭,要花费更多时间工作以努力支付上涨的房租,或搬到离市中心更远的地方,挤在更狭窄的空间里。

180

---

 * 雅皮士(yuppies,即 young urban professional 的缩写)一词诞生于 20 世纪 80 年代的美国,是美国人根据嬉皮士(hippies)仿造的词,指代年轻的、在城市生活的专业工作者。雅皮士往往收入高、追求时尚生活。——编者注

朱利亚尼在1994年至2001年期间担任纽约市市长,他将住房活动家描绘成危险人物。朱利亚尼要求驱逐擅自占用空房者,并发起报复性的斗争,来对抗无家可归者、"住房工程"(Housing Works)这一非营利性艾滋病组织以及其他住房机构。朱利亚尼的继任者迈克尔·布隆伯格则采用了更为隐蔽的对抗方式。布隆伯格政府喜欢夸耀发起的新住房市场计划(New Housing Marketplace)已经开发或保留了16万多套平价住房。但是新住房市场计划在很大程度上支持的是那些家庭收入已远远超过了贫困线的中产阶级家庭。[74]在布隆伯格看来,纽约市是一个"奢侈品",他希望能够吸引"众多来自世界各地的亿万富翁搬到纽约"。[75]住房活动家和他们所代表的群体感觉到,他们在布隆伯格管理的奢华城市中并没有容身之所。[76]

埃尔巴里奥正义运动(Movement for Justice in El Barrio)是在布隆伯格担任纽约市市长期间出现的住房组织之一。在"夺回土地"(Take Back the Land)等组织的直接行动策略和"萨帕塔运动"(Zapatistas)等革命运动的激励之下,东哈莱姆区的移民和其他低收入住户创立了埃尔巴里奥正义运动组织。该组织的创立是为了反对逼迁,反对这个工人阶级的国际化社区中进行的"新自由主义绅士化"。[77]2008年3月,该组织成员发表英语版和西班牙语版的"保卫埃尔巴里奥国际宣言"。该宣言称:"为公正而战意味着为女性、移民、女同性恋、有色人群、男同性恋以及变性人群的自由而战。我们有着一个共同的敌人,它叫作新自由主义。"[78]对于这些活动家们而言,东哈莱姆区的土地之争和反逼迁之战,将当地的住房问题和反种族主义、原住民权利以及改变全球资本主义的斗争联系在了一起:

全球资本集团妄图全面控制世界上所有的土地、劳动力和生命。逼迁现象之所以存在，就是由于他们的贪婪、野心和暴力。在埃尔巴里奥（位于纽约市东哈莱姆区），房东、跨国公司、各级政府官员、各级机构想将他们的金钱文化强加在我们身上。他们想把贫困家庭赶出去，把房子让给那些富有的人和有钱的白人……他们想强迫我们搬迁，然后在我们的住处经营高级餐厅、高档的大型服装商场以及连锁超市。他们想改变我们的社区。他们想改变我们的文化。他们要想改变我们，不想要我们当拉丁美洲人、非裔美国人、亚洲人和印第安人。他们想改变使我们成为埃尔巴里奥人的一切。[79]

Dawnay Day 是一家总部位于伦敦的房地产和金融服务公司。该公司花费2.25亿美元购买了东哈莱姆区47栋大楼，埃尔巴里奥正义运动组织发表了宣言对此做出回应。众所周知，Dawnay Day 的高管们喜好游艇、艺术收藏和骚扰租户。[80]据活动家们所说，该公司断供电源暖气，收取房屋基本维修费，任由老鼠和害虫肆虐，都是为了驱逐长期受租金管制保护的租户，让更能带来利益的租户搬进来。该公司的一名董事曾公开宣称，要"推动哈莱姆区的绅士化"。[81]Dawnay Day 破产之后，他们的大楼在法律上和行政管理上处于悬而未决的状态，埃尔巴里奥正义运动、社区之声（Community Voices Heard）等住房组织，共同构成了住户的一条重要生命线。

布隆伯格担任纽约市市长期间，各个社区都曾组织起来反对逼迁、大型项目以及豪华住房。他们的反抗方式与反对城市更新类似。反对布隆伯格执政期间的不公平现象是"占领华尔街运动"（Occupy

Wall Street)的引发因素之一。这场运动于2011年9月17日在祖科蒂公园(Zuccoti Park)设立临时营地。几个月后,"占领华尔街运动"中最大规模的住房抗议活动爆发了,一个名为"占领我们家园"(Occupy Our Homes)的小派系发起了一场游行示威,并开始小规模地占据布鲁克林区被取消赎回权的公寓。那些和占领运动相关的活动家们领导民众应对2012年飓风"桑迪",在一些遭受飓风影响的地区,给予当地低收入家庭援助。自那之后,占领运动的住房分部似乎逐渐解体了,正如先前的许多住房运动那样。

184　　2014年1月1日,比尔·德·白思豪担任纽约市市长。他是自拉瓜迪亚以来和住房活动家们联系最紧密的一任纽约市市长。在一些情况下,白思豪的政策和任命明显发挥了作用。他实行的许多计划所建造的平价住房都超过了原来的计划和要求,目的是延长这些住房单元的"可负担"期限。同时,白思豪政府禁止设立住房活动家口中的"贫穷之门"。所谓"贫穷之门"就是在豪华公寓小区中为平价区域设立单独入口。这些小区在建造时,政府大幅度放宽了楼高限制,作为交换,开发商要在小区内保留一些低于市场价格的住房单元。

　　与建造豪华住房所消耗的资源和占用的空间相比,这些变化似乎是微不足道的。很多住房活动家们认为白思豪政府的政策"为时已晚"。[82]其他的活动家们认为他的政策实质上是对布隆伯格政策的延续。[83]即使市长自己坚持采取更为强硬的路线,纽约市的住房政策仍是一个难以改变的复杂系统。

　　纽约市租金指导委员会的"租金冻结投票"是一个恰当的例子。白思豪任命的人员听取租户活动家们的意见,投票决定,租约为一年的不涨租金。但是租金冻结并没有像租户要求的那样,同样覆盖期限为两年的租约。租户在与这场争论有关的其他重要问题上,也几乎没有得到帮助。同朱利亚尼和布隆伯格执政期间相比,当今纽约市的氛围对住房行动来说更为友好。然而,纽约市庞大的政治和经济结构更有利于精英利益集团。早期住房运动为使住户免受市场暴力而争取的保护措施正渐渐被废除,租金管制也在被削弱。公共住房正处于一个极度缺乏维护的环境中。活动家们拼尽全力,也只能保住公共住房和租金管制,而要将它们进一步发展,似乎遥不可及。

从某些方面看,如今纽约的住房行动在很大程度上是过去住房活动的延续。在纽约,一些历史悠久的组织,包括都市委员会(Metropolitan Council)、租户与邻居(Tenants & Neighbors)、普拉特区委员会(Pratt Area Community Council)和城市定居协助会等仍然有着重大影响力。在社区基础上建立的基层群众组织,埃尔巴里奥正义运动、下东区房屋倡导组织 GOLES、社区之声、反对反亚裔暴力委员会(Committee against Anti-Asian Violence)以及种族和经济平等家庭联合会(Families United for Racial and Economic Equality)依然活跃在反对逼迁,争取住房可负担性、住房使用权以及住房安全的各运动中。纽约市有着组织良好的租户联盟,皇冠高地(Crown Heights)、唐人街、弗拉特布什(Flatbush)以及纽约房屋局在五大区新建的开发区等地方都有这样的租户联盟。如今的住房组织效仿全市组织组建联盟,携手采取行动,他们成立的联盟包括租户权力联盟(Alliance for Tenant Power)、城市权利联盟(Right to the City Alliance)和真正所有人的平价住房(Real Affordability for All)。而且,和过去一样,当代的活动家在慈善领域有着强大的同盟,其中包括社区服务协会(Community Service Society)和法律援助协会

（Legal Aid Society）。

住房活动家们沿用以往战斗中行之有效的方式。2014 年,曼哈顿西街 107 号两栋大楼发起抗议,租户高喊:"有老鼠,不交租!"[84]数十年前,杰西·格雷曾使用过这一口号。2010 年,城市权利联盟对闲置的豪华公寓进行讨论,提出占用这些公寓,将它们作为低收入家庭的住房——这是在 1920 年住房斗争时就已提出过的策略。[85]

同 20 世纪 10 年代末或 20 世纪 60 年代中期等运动高峰期相比,集体抗租运动虽然不再那么频繁地发生,但是依旧存在。近些年,在格林堡（Fort Greene）、日落公园等快速绅士化的郊区公寓楼和排屋区都出现过抗租行动。活动家们要求政府停止对房东的补助,阻止驱逐以及耗资甚巨的再开发计划。活动家们走上街头,要求政府实施更有力的租金管制,更有效地执行法律,提供更好的公共保障,加大对公共住房的支持,维护租户的权利。这些都是住房运动长久以来的斗争目标。

但是,从其他方面看,当代纽约的住房运动又和之前的运动截然不同。例如,擅自占用空房运动几乎已经不再发生。经过几十年的斗争,布隆伯格政府于 2002 年将 11 所被非法占用的住房合法化,而其他被占用的住房变成了社区空间,例如 ABC No Rio 成了著名的社交中心和朋克日场演出场所。但是,由于住房市场已经升温,这些擅自占用空房者可利用的空置住房数量骤减。作为一场运动,擅自占用空房不再是住房政治的主要策略。

总体而言,当今的运动发生在新自由主义的背景下,因此,政治可能性受到了限制。对住房体系性质这种基本问题进行讨论的机会很少了。城市政治存在于一个狭隘的共识里。在当代讨论框架的局限下,住房运动空间很小,无法去主张任何替代方案。

自上个镀金时代(Gilded Age)以来,纽约的不公平和激烈竞争达到了前所未有的程度,当今纽约住房运动正是在对抗这样一个城市。在奉行新自由主义的纽约,那些将住房当作居住空间的人,需求常常不受重视。纽约的租户之前也受到过压迫,但往往压迫不久,他们就会奋起反抗。

未来的住房斗争

纽约的住房运动史表明,住房运动涉及围绕不同问题展开的多种斗争,其结果也截然不同。运动参与者的身份、他们采取的手段和追求的具体目标都不一样。住房运动的参与者包括农民、租户、移民、女性、有色人种、专业人士、房东、公共住房住户、老人、无家可归者、小混混、学生、同性恋活动家等。一场运动的参与者往往是由上述某些群体组成的,或者由他们和其他群体共同构成。这些人采取的手段包括拒付租金、阻止驱逐、立法游说、街头示威、政治动员、参与选举、联合抵制、宣传活动、占用空房、互相援助或者自助。他们追求的目标包括争取合理租金、公共住房、居住安全、租期保障、获得资助、取消隔离、流动机会、反对入侵。将这些不同的参与者、行动和目标联系在一起的是,他们都致力于保卫住房这一大计划。随着纽约住房、政治和经济的本质变化,该计划必然会呈现不同的形式。

188

承认住房运动手段和目标的多样性,并不是说他们的需求有无限的弹性。事实并不是这样,重要的是要承认住房运动不要什么。尽管观察家们常去总结租户的最佳利益,但是活动家们示威游行,不是要拆除他们的公共住房,不是要取消租金管制,不是要讨论审美问题或设计问题,不是要更多有钱、有权势的邻居涌进来。通常,那些都是局外人关心的事情。

人们对住房活动家的主要印象是呐喊着"不"的愤怒租户。人们认为他们身上最典型的特点是消极。所以,一些人常把民众住房运动和中产阶级邻避主义(NIMBYism)混为一谈。而后者是一种完全不同的政治诉求。

活动家们自始至终都很消极——这是一种粗略的刻板印象。但是事实上,住房运动有时确实需要反对开发商或者纽约政府的计划。在一个不平等的社会,能够启动项目的人是精英,那些无权无势的人能说的往往只有"不",而这也是掌权者唯一能够听到的声音。

事实上,住房活动家们一直以来都在提出积极的计划。经常有人说他们的观点是不切实际的,因为他们维护的是租户的权利,没有充分考虑经济现实。但是,不去顺从掌权者的意愿,并不等同于不提出一个计划。

如果以纽约历史为参考,那么未来的住房运动别无选择,只有继续进行这些形式的住房斗争。并不是每个人都拥有住房,更不用说是体面的住房,因此必须要求获得住房,保护住房。这样的做法始终会将积极维护住房权利同拒绝侵犯住房权利结合起来。如果说纽约市居民从他们的居住空间中学到了什么,那就是他们必须时刻准备保卫住房。

189

结论　为激进住房权而斗争

让所有人拥有住房是一个无法实现的理想化目标吗？能否想象
一下,在气氛友好、环境可持续发展的社区中,人们无条件地普遍拥
有住房,住房是一种权利而非商品化的特权,这种展望合理可信吗？
很多人可能没想到,让所有人拥有住房,作为一种抽象意义上的理想
是十分普遍的。

《1949 年住房法案》确定了当时美国联邦政府的全国住房目标。
该法案宣称:

> 美国公众福利、公众保障及美国人民的健康与生活水平要
> 求住房存量充足,相关社区发展充分,以弥补严重的住房短缺,
> 要求通过清理贫民窟和荒废的地区来清除不合格的住房及其他
> 较差的住房,要求尽快实现为美国每个家庭提供体面住房和宜
> 居环境的目标……[1]

《1949 年住房法案》及其"为美国每个家庭提供体面住房和宜居
环境"的目标,都是在两党的支持下通过的。后来,国会又多次重申
了该法案的基本原则。

纽约州在处理住房权利问题上有自己独特的宪法方法。纽约州宪法宣布:"让有需求的人得到帮助、关怀、支持,是公众所关切的,当由政府提供。"[2]1979年,代表波威里街(Bowery)六位无家可归者提出的卡拉汉诉凯丽案(Callahan v. Carey),对以上纽约州宪法所提出的内容进行了考验。卡拉汉诉凯丽案最终达成了一份同意法令,确立了具有法律效力的、合乎宪法的居住权。[3]

事实上,关于住房权利或居住权的阐述,比许多人意识到的要广泛得多。69个国家的国家宪法都确认了政府有义务为其全体公民提供适足的住房。[4]长久以来,这种权利也得到了联合国大会和其他重要国际组织的提倡。1948年通过的《世界人权宣言》第25条以及许多其他被广泛接受的协定,都将住房权利载入其中。[5]

因此,让所有人获得住房的目标并不是少数人的幻想。事实上很多人都有这一目标。几乎所有的政治家及政党都声称支持这一目标,尽管具体版本各有不同。[6]目标是为所有人提供住房,而手段却是市场体制和资本主义国家,这两者之间存在矛盾。我们对仁慈政府政策或高效市场抱有幻想,这种幻想掩盖了这一基本矛盾。

每个人都能获得良好住房,这一想法本身并不是对现存政治经济秩序的一种挑战,而是一个不断推迟的承诺,体制正是利用这种承诺将自身合法化的。仅仅是口头上宣布每个人都拥有住房权利,并不等于实际上为所有人提供住房。或许这是住房权利备受支持的原因之一。

住房权不是灵丹妙药。没有任何一种法律套话可以凭借自身解决不断深化的住房危机。和所有的权利一样,一切都取决于对住房权的解读、执行和制度保障。未来的出路在于我们需要承认现行法律及政治制度下,名义上的住房权具有局限性,同时推动人们对这些权利进行比较宽泛的、面向行动的解读。只有这样,才能利用住房权挑战当今的住房商品化、异化、压迫和不平等。

作为一种权利的住房

权利的语言在政治上是模棱两可的。权利可以用于实现很多目标,有些是解放性的,有些是压迫性的。批评家们将权利的话语与帝国主义及殖民教化政策联系起来。或者,他们将权利更多地视为象征性的权利而不是真正的权利。对于一些批评家们来说,对权利的声明往往等同于无效、无法实现的声明,甚至更糟糕的是,它往往等同于不起作用的抽象概念,用来让遭受不公的群体对自己的不平等遭遇稍感安慰。如果相对无权无势的人主张权利以反对那些有权势的人,法律套话就会与阶级差异和阶级统治的现实相冲突,即"在平等的权利之间,力量决定"(between equal rights force decides)。[7]批评者们认为,主张法律上的平等,仅仅是用来掩饰实际上的不平等。[8]

如果只从纯粹的法律意义上看,权利可能会强化现存结构和关系,而不是挑战它们。如果住房权只是被纳入现行住房框架之中的权利,而不去改变目前分配住房利益和住房成本的方式,那么这种权利实际上十分微小脆弱。这样一种权利,仍旧不会指出位于住房政治核心的社会矛盾。大部分决定住房使用权的法律体系之所以存在,都是为了保护业主的权利。不会挑战和改变现行住房体系的住房权,要么不会被执行,要么充其量只能成为政府对房东的补贴。拘泥于法律条文的、程式化的住房权,注定不会兑现其承诺。

195

批评权利的观点应当认真对待,但是不能因此全盘否定以权利为基础的整个住房政治。权利体系并不是大一统的,并不是所有版本的权利最终都会维持现状。在某些情况下,谈论权利可能是无望中的呐喊。努力去主张在当前并不合理的权利,仅仅这种做法本身就证明了该住房政策体系的局限性,也指出了改变它的方法。

真正的住房权表明现行体系必然会面临根本性的挑战。这种权利的作用是它可以表达一个要求,即不考虑一个人的经济和社会地位,每个人都能获得真正体面的住房。大量的群众运动正围绕此要求而开展。全世界范围内的社会运动表明这种要求有助于实现住房公正。如果缺乏这些权利,住房就只能听命于阶级社会和市场供给的政治及经济变迁。

事实上,追求住房权是很多城市的活动家们的战略目标。几乎每一场重要的抗议都充满了权利话语。游行示威中的人群喊道:"斗争!斗争!斗争!住房是一种权利!"横幅上写着:"住房是权利而不是特权。"美国和国外的组织者们都借鉴了关于人权的声明,将其作为反抗住房不公的可行策略。[9]住房研究员切斯特·哈特曼(Chester Hartman)认为,应当拥有"不被驱逐的权利"[10],绅士化的反对者常常会借助于这种说法的某个版本。

激进住房权是一种特殊的权利,是从行动主义的角度去理解权利,这源自"城市权利"这一表述。这种表述是由亨利·列斐伏尔在1968年推广开来的,后来成为全球社会运动的基础。[11]列斐伏尔认为,城市权利是一种"呼声和要求",也就是说,它是社会斗争的一部分,而不是一项受法律保障的个人权利。[12]这是从道德和政治意义上使用"权利",而不是从传统的法律意义上。列斐伏尔提出的城市权利和当前的权利不同,他指的是一个被转变了的城市的权利,以及改变城市的权利。这种权利与法律上可以实行的主张并不矛盾,但它还追求更大范围的社会目标和政治目标。

真正激进的住房权必然包含一系列同样广泛的政治诉求。真正的住房权不仅是一份简单的法律声明,它需要不懈努力,以实现住房民主化和去商品化,消灭现行住房体系造成的异化。人人都应该得到住房,就这一点它应该提出一系列的主张,而这些主张的合法性不仅来自法律制度,更来自民众的民主运动。一般来说,真正激进的住房权的主张不是和以前一样要纳入现行住房政治的范围之中,而是要努力拓宽这个范围。

人们不仅仅住在家里,他们还处在社区和社群当中。他们居住在房子里,同样也置身于社会结构中。激进住房权必须肯定和保护这种关系网,必须提出住房和其他领域之间新的联系。正如前任联合国住房特派调查员拉克尔·罗尔尼克(Raquel Rolnick)所指出的:"适足住房权这一人权概念并不局限于住房使用……必须在更大的背景下理解住房权。"[13]激进住房权开拓了我们的眼界,促使我们更加全面地看待行动目标,在共同的追求中,将更大范围内的公平、尊严、团结、福利等主张都联系在一起。

转型式改革要求

真正的住房权要求从根本上转变当代社会的政治结构和经济结构。住房体系由有权势的个人和机构主导,而他们都希望维持现状。同时,影响住房体系的其他政治和经济领域,也各有其不公平、不开放的内部结构。很明显,政府是问题的一部分,可是对于任何解决措施而言,政府也是必不可少的。那么要做些什么呢?

199 住房作为一种权利这种理想与住房处于危机之中这种现实之间存在矛盾,应对这种矛盾的方法有好有坏。坏的方法是搁置理想,在边缘地带进行改革。更糟糕的方法是,放弃任何改变的努力,等待某种救世主式的革命降临,代替我们解决这个问题。

所有人都能获得住房,在当前环境下无法实现。但是如果人人都拥有这种理想,那么最好的解决方法就是坚持这种理想,并且改变现有的环境,让我们的世界逐步朝着这种理想靠近。为了实现这个目标,我们应当提出现实世界中可实现的要求,但是这些要求须指引更深层次的改变。我们不应该否定住房权,把它看作无法实现的幻想,而应该把它看作斗争的目标,去实现它。

不是所有政治变革和社会变革的要求都是一样的。[14]有些改革,例如简化行政机构或改进问责制,只是为了将已经做了的事情变得更有效,因此可称作效率变革。很明显,这种变革不改变制度,只是帮助特定的制度以一种更有效的方式达成既定目标。

其他类型的改革,我们可称之为自由派改革,其目标是改变现实或政策中最不合人意的方面,但并不触及其内在的权力关系或利益冲突。部分要求或许隐含着更为激进的主张,如强调不平等或企业权力,但这只是偶然情况。通常,这些改革最终也不会改变制度,因为它们不从根本上改变政治形势,只是平息分歧。

200 我们感兴趣的是,那些我们可以确认是转型式改革要求的事物。这些要求面对的是社会不公平和不公正的制度原因,全面考察特定问题的起因以及产生该问题的制度因素和机构因素。转型式改革要求是挑战制度的,即安德烈·高兹(André Gorz)口中的非改良主义的改革。[15]它不是努力增强现行制度的适应性,而是在改善现存环境的同时,逐步建立一个不同的世界。

严格地讲,转型式改革要求不应当被视作空想。在特定发展阶段确实存在着一些变革的可能性,只不过受到现有条件的制约而已,而转型式改革要求就能将这些可能性激发出来。转型式改革要求是激进的,因为它们寻求的是从根本上而不是从表面上解决问题。既能够推动制度转型,又能够付出行动的主张,是应对当今住房危机的最佳途径。

可 能 的 方 向

我们已经得出结论,当今的形势需要激进住房权。那么按照这个方向具体应该怎么做呢?很明显,我们无法提供一系列的政策或蓝图。具体的主张需要根据具体条件确定,并且由置身其中的参与者提出。但是,我们可以概括出我们认为住房体系应该改变的方向,并且建议向政府和其他机构提出宽泛的主张。同时我们要重点介绍当前全球各地住房运动正在实施的有前景的战略。

住房体系的去商品化和去金融化。简而言之,就是要阻止把住房当作商品。这是一个重大目标。颠覆住房的商品性,必须成为解决住房危机方法的核心。正如我们一直证明的那样,从根本上来说,认为住房主要是积累财富的资产这一观点,来自现代法律、经济及政治制度,而这些制度都是可以改变的。要实现真正的住房权,就需要做出这些改变。

下文将讨论公共住房问题,但除了提供公共住房之外,还有很多去商品化的途径。这些途径包括:租金管制,保障租赁安全,实行土地公有制,进行公共融资,限制投机行为,施行或重新启用对住房金融机制的管控。如今,世界各城市、各住房运动都在实行上述限制住房商品化的措施。在城市权利联盟的推动下,社区再投资银行(Community Reinvestment Bank)成立了,这是一个公共的非营利住房融资机构。[16]澳大利亚等国的法律都对非常住投资者的住房所有权额外征税,也可以完全禁止这些人持有住房。各个城市可以制定地价税,这样一来,土地价值上涨所带来的、由全社会共同创造的自然增值,可重新纳入公共财政。豪宅税可立即增加公共基金,也可以根除那些刺激人们去建造闲置的投资性豪宅的因素。止赎税会减少房屋止赎的数量,也能多少收回一些成本。针对闲置住房收税会减少私人房东的地产储备行为。

还有一些当代的项目是按照需求而不只是按照市场信号分配住房的。举个例子,纽约、洛杉矶等城市都实施了"住房优先"政策,来安置无家可归的人。[17]各住房优先项目采用的是最初用于公共卫生领域的降低危害原则,为无家可归者提供无条件的稳定住房,这远比平常的避难所要好。[18]这些政策并没有摆脱新自由主义社会政策的矛盾,但是它们的确突出了在市场逻辑之外提供住房的可行性。[19]

采取行动的最佳时机就是立即停止并逆转管控解除和私有化的进程,因为这两个进程正在不断加剧住房危机。目前,政府正积极致力于削弱租金管制,抛售公共住房资产,削减对公共住房和无家可归者服务项目的资助,将地方住房职能外包出去并鼓励投机行为。如果地方政府和州政府有意减少住房问题给人们带来的苦难,那么首先应该采取措施,以免问题进一步恶化。

增加、保卫并改善公共住房。任何能有效解决住房危机的社会措施,核心都是公共住房。要同时解决住房短缺和绅士化这两个互相联系的问题,唯一的方法就是巩固现有的公共住房存量,并增加新建住房开发区中的公共住房。这是确保所有需要住房的人都能得到住房的最直接的方法。大幅扩大并改善住房的公共领域,大概是为所有人提供有意义的住房权的最简单途径。为了获得灵感,我们可以参考 20 世纪实行的那些成功的住房计划,如红色维也纳时期的住房计划。包括东欧和西欧在内的战后欧洲公共住房史,以及全球各种各样的公共住房体系,为我们提供了诸多成功的范例,可在此基础上构建一个切实可行且广受欢迎的 21 世纪公共住房部门。[20]

成功的去商品化及去金融化住房,要求打破以营利为目的开发商的垄断。住房体系中私人资本的部分权力源于一个事实,即政府职责用于为私人行为提供便利。因此,社区完全受企业房地产管理者的支配,而这些人知道,必须让他们去建造大楼,没有别的选择。这种私人部门的垄断需要终止。

管制解除的支持者常常指出,限制私人住房资本就会限制供应,因此只会使住房问题恶化。但是,这种观点设想私人领域的垄断在可预见的未来仍然是存在的。如果有一个不断发展的、永久的非营利公共体制能真正替代以营利为目的的开发,那么这个问题就会迎刃而解。[21]

就像包容性分区一样,建造新公共住房的资金应该从一般政府收入中支出,如此一来,新公共住房的建造就不再受豪宅开发左右。用来补贴房地产企业的数亿公共资金,可以改变用途,资助新公共住

204

205

房的建造。[22]

公共住房机制不仅能提供住房,还能减轻住房体系其他方面带来的压力。如果公共住房成为容易获得、价格低廉的理想选择,那么私人房东就没有机会进行剥削。公共住房也能帮助克服私人自有房的部分缺点。英国地理学家丹尼·多林(Danny Doling)等人提出了"出售权"方案,陷入财务困境的私人房东可将住房出售给当地政府,成为有保障的公共租户,这既能增加公共住房数量,也能避免房屋止赎。[23]

但是,我们并非要不加分辨地照搬 20 世纪的公共住房模式,毕竟当今城市普遍存在的公共住房建造背景已截然不同。20 世纪的住房公共领域反映了当时特定的阶级妥协和政治经济观念。那时的公共住房领域旨在让奉行福特-凯恩斯主义的城市保持稳定,是为了缓解矛盾,提供就业,为私人房产开发提供便利。我们不能盲目复制这种模式。公共住房应该得到保护和发展,同时也需要从根本上改变公共住房并将其民主化。近来,理论家阿尔伯托·托斯卡诺(Alberto Toscano)称:

> 那些早已深受管理主义和竞争准则影响的公共领域斗争,在没有经历普遍私有化的情况下,必然会充斥着矛盾的改良主义——既捍卫这些机构中的内在"价值",同时又对它们进行批判;既强调"公共"作为一个相对非商品化领域的意义,同时又经历政府管控的不利影响。[24]

现在住房的公共领域正需要这种自相矛盾、非改良主义的改革。

我们需要批判公共住房,同时也需要保卫并扩大公共住房。

这并非说在一个更公正的住房体系中就不能有私人企业。彻底改革后的、民主化的住房体系中,特定的企业主义可以成为一个有用的工具。但它应该为一个不一样的、人人平等的住房进程提供服务,而不是像当前这样成为不平等、以营利为目的的住房进程的推动力。[25]

授予住户特权。让住户的利益成为住房政策的首要关注点。目前,投资者和业主控制着住房体系。矛盾升级时,他们的需求会得到满足,利益会得到保护。必须要改变这种情况。住房体系应该重新配置,把特权授予那些居住在房子里的人,而不是那些仅从住房中获利的人。

授予居民特权的一般性原则,最终会指向土地私有制的终结。但是这种一般性原则同样表明,需要更快地采取行动。这意味着首先要建立租户和房东之间新的权力关系。为了保护易受影响的住户,应该立即终止驱逐,应该像德国、荷兰、澳大利亚、比利时等国家一样,为租房和转租提供更多保障。[26]租赁期限应当延长,或不设期限,减少租约终止或房租上涨的可能性,为家庭或老人等租户提供额外保护。这会减少滥用权力的可能性,并消除不同形式的保有权之间的社会差异。

正如许多人提出的,对于那些面临着房屋止赎的住户,政府应当下达指令,可使用土地征用权,以修改房贷,减记本金。[27]现在的房屋止赎是一种强占不动产、实现绅士化的机制,但是它也可以转变成一股重要的力量,推动以有利于住户的方式重新分配居住空间。城市权利联盟就提议取消欠税财产赎回权,从而将闲置公寓转变成公有住房,提供给低收入家庭。[28]由于曼哈顿地区已被高档住房占领,这种办法可能行不通,但是并非绝无可能。近来,巴黎市议会宣布了一项计划,为市政府在绅士化的社区购置的房产设立"优先承租权"(right of first refusal),以此作为一种反逼迁策略。[29]

很明显,"居民"包含各种各样的人。很多住房纠纷都是源于居民居住方式的冲突。但是,授予住户特权这一基本原则是必要的纠错措施。

让住房选择多样化。支持在住房建设和住房管理领域进行各式各样的尝试。从公社到擅自占用空房,再到实验性的建筑技术和新形式的保有权,住房的可能性比最初呈现出来的更多样、更有趣。我们可以借鉴这些项目。

209

例如,现在绝大多数住房体系中都有许多其他形式的保有权,包括合作(cooperative)、共有(mutual)、公有(communal)、有限权益共有(limited-equity co-ownership)等。这些保有权形式全都取决于改变权利、责任和权力等保有权构成要素。应该鼓励对保有权形式进行创新。[30]

同样,在全球各个社区,这都不是不切实际的梦想,而是具体的现实。今天,社区土地信托机构或许是保有权最重要的替代方案。各社区土地信托机构起源于20世纪60年代反对美国南部种族主义土地政治的民权组织。[31]不同的社区土地信托机构差异很大,但基本模式都是非营利组织以信托方式持有土地,并一直向住户提供可负担的长期有限权益租约。如今,美国有230多家社区土地信托机构,英国大约有150家,其他地区也有很多家社区土地信托机构。[32]

在一些情况下,因为新的社区组织形式和建筑技术兴起,许多地方尝试建造共享住房,这是鼓舞人心的。30 年来,加利福尼亚戴维斯市 N 街共住社区(N Street Cohousing)翻新了一批独立住房,将它们建设成一个共同居住空间。[33] 最近建成的"低影响居住平价社区"(Low Impact Living Affordable Community)是位于英格兰利兹市郊外的同住社区,由 20 栋预制草砖住房组成。[34] 克里斯蒂安尼亚自由城(Freetown Christiania)是一处于 1971 年建立的被擅自占用的大型共享住房,也是哥本哈根市中心的一个重要旅游景点。[35] 柏林的多样性生活空间(Berlin's Lebensor Vielfalt),由 25 座公寓组成,为几代性少数群体提供了住房。[36] 目前整个柏林有 300 多个共住社区在开发。[37]

210

我们应该肯定这些新举措并给予它们更多的鼓励。这些举措说明实际存在的住房保有权选择方案,比通常所呈现出来的要多得多。这些方案提供了住房使用机会,代表着一个富有创造性的共住形式,可以用来解决住房异化问题。

然而,无法保证这些举措真的具有变革性。它们无法替代对住房的公共投资,很容易变成富裕住户所专有的领域,同时很可能被纳入商品化的逻辑之中。为了避免这种情况,对其他保有权形式的探索,应当联系更大规模的活动、被边缘化的群体及公共住房领域的当权者,否则,它们就只会是有趣的例外,而总体住房条件并未改变。

211

住房管理民主化。让住房管理更加民主,并以社区为基础。长期以来,住房运动的一个核心要求是让住户掌控自己的住所。[38] 租户尤其缺乏对自己住房的掌控权,这是住房异化的原因之一。为了将住房去异化,使其人性化,住户应该成为公共住房和私人住房的首要决策者,并在城市规划进程中拥有更大的话语权。

住房可以既去商品化,又民主化。租户未参与公共住房管理,或假装让租户参与公共住房管理,这些毫无意义的做法证实了对公共官僚体制的最坏担忧。从这方面讲,高压式的公共住房管理,恰好符合那些企图将所有住房私有化的人的利益。

如果住户参与住房管理,其形式也总是无意义的协商或不明确的"参与"。但是,一位愤怒的租户在回应20世纪70年代住房管理改革时仍坚持说道:"不要扯什么租户参与的鬼话!我们想要权力!"[39]所谓住户参与,往往是不负责任的管理者代表自说自话的表演。住户协会、租户联盟、社区组织和住户在住房方面才是真正的专家,因此,他们应该得到真正的民主决策权。

私人出租的情况也和公共领域一样。房东和租户之间,既是经济关系,也是政治关系。私人租户在住房规章制度和住房环境方面应该同样拥有决策权。

同样,我们也需要谨慎行事。就其本身而言,没有人能够保证地方自主决策就一定比其他层面上的权威管理更民主、更平等。[40]参与者们需要确保不会在微观层面上再现支配现象。但是,在正确理解住房问题的基础上得出的一切解决措施,都必须包含住房体系民主化这一内容。

扩大住房斗争。将对激进住房政策的要求与其他领域的转型式改革要求联系起来。如果住房领域的压迫与其他形式的压迫交织在一起,那么住房政治必定会与其他的斗争交织在一起。今天,为了取得成功,住房活动家们必须找到与其他社会运动的共同点。[41]

诚然,住房行动长期以来都和其他形式的社会行动保持联系。从事非住房运动的活动家们长久以来一直都在提出有关住房压迫的重要问题。在长达一个多世纪的时间里,女权主义者认为,住房和家是最原初的政治机构，并努力对此做出改变。民权和反种族行动长期以来都将住房歧视和住房隔离看作种族正义斗争的核心。他们和住房活动家之间的联盟由来已久，并且应该进一步加强。

人们普遍需要住房，而这种需求又能以无数种形式呈现。正是由于这个原因，住房运动才有可能和众多其他斗争的参与者结成互相支持的联盟。住房运动的关注面不仅和各种城市运动、反资本主义运动、反种族主义运动、女权运动的关注面有交集，还有可能和其他运动有关注交集，如环境正义运动、劳工运动、性少数群体运动、移民权利运动、残疾人权利运动、监狱改革运动、社区卫生运动等。

住房政策民主化。也就是，拓宽住房问题决策的进程，减少专家和官僚的权力。住房并不是一个专业的问题，因此，就不应该是专家独有的领域。[42]"揭露问题，提出方案，政治解决！"[43]住房体系需要更广泛的民主考量和民主参与，只有这样，住房体系才能在更大范围内得到讨论，与其在日常生活中的重要性对等。

目前，住房体系的框架是由少数掌权者决定的。因此，体系中的不公平、不公正程度并没有得到普遍承认。我们不应该将这些看作偶然发生的不幸现实。住房体系的基本框架没有出现在任何主流政治议程上，这表明经济和政治精英在制造一种假象：根本性的住房问题大体上已经被解决了。我们需要开辟新的空间，将住房问题重新提上日程。

推动新建住房开发项目的规划过程，往往充斥着晦涩难懂的专业知识和秘密协商。应该改变该过程的形式和内容。阿雷格里港（Porto Alegre）、贝洛奥里藏特（Belo Horizonte），乃至纽约等城市均进行过参与式预算，正如这些城市的经历所证明的那样，更为直接的民主规划过程是有可能的。[44]核算方法应该反映出重要的社会关切。投入任何开发项目中的公共补贴数额都应该清清楚楚,并且完全接受公众监督。任何政府部门看到的所有可行性评估都应该向大众公开。[45]一切会影响住房和土地使用的大规模政府行为和私人行为,都应该以公众可以理解的书面形式,发布社会公正影响程度声明。

当今的规划是以技术语言表达的,将非专业人士排除在外。大部分住户清楚地意识到住房危机的实质,但他们的观点被那些决策者忽视了。为了给所有人创造一种真正的住房权利,住房体系的认识论基础需要民主化。[46]要将贫穷住户的经历和话语权作为住房讨论的核心。应该提供大量的金融和技术援助,让非专业公众参与到社区规划的决策中。长期以来,社会运动领域使用的"没有我们的参与,就不要为我们做决策"(nothing about us without us)这句话,同样应该适用于贫穷住户和工人阶级住户所面临的住房政策形势。

活动家们长期以来都在试图质疑住房知识政治,当今许多组织都实施了这一策略。城市权利联盟举行宣讲会,在听证会上做证,并记录下全美的住房滥用现象。反驱逐追踪项目(Anti-eviction Mapping Project)一直以来都在记录房东滥用权利、强迫搬迁和驱逐这些现象,并收集旧金山、奥克兰等地方租户的口述历史。[47]住房专家同样努力建立类似的联盟。美国的规划师网(Planners Network)以及英国的社会正义空间与建筑师(Just Space and Architects for Social Housing)等组织,都试图让城市规划专家为进步组织和社区提供服务。[48]为了抵抗房屋租赁商和开发商所进行的大量游说工作,这些联盟需要扩大。

需要质疑关于住房开发的表述,并使其更加清楚明确。规划师、建筑师等参与住房和城市开发的人,都需要主动拒绝那些会混淆、有争议的政治问题的表述。如果某些行为命名恰当,会被认为是负面行为,那么,他们就应该避免使用专业术语或其他美化该行为的说法。[49]"平价住房"或"城市再生"(urban regeneration)等表述,是将城市不公和住房危机正常化的过程的一部分。要再度将关于住房的表达政治化,我们可以从拒绝委婉说法开始。

住房运动全球化。住房运动的规模需要与住房问题波及的范围相匹配。国际投资者和跨国公司决定全球住户的命运,因此,住房资本是全球性的。为了解决全球性的问题,住房运动需要联合起来。

长期以来,住房运动一直依赖于跨国联系。20 世纪初,纽约活动家利用了移民社交网络和欧洲民主政治的经验。当今的活动家也有类似的跨国倾向,他们利用了拉丁美洲、东亚以及世界其他地区斗争中的文化技能和政治诀窍。

应当充分利用这样的世界主义来解决如今的全球住房危机。世界各地的住房运动可以帮助彼此追踪不同地方发生的强占住房和强迫搬迁情况,发现那些在地区层面上并不明显的战略机会,交流想法,得到世界民众的支持。这些运动体现了理论家阿尔君·阿帕杜莱(Arjun Appadurai)所说的"深度民主"(deep democracy),这种文化体现了跨越国界的团结,让那些承受新自由主义全球化不良影响的人能够发出集体的声音。[50]

家,而非房地产

如果没有住房体系民主化、去商品化、去异化的运动,那么住房権利的概念就没有意义。住房权利明确指出的是一个方向,而非一种解决方式。实现权利的唯一方法就是斗争。

处理住房不公正和住房不平等问题,需要政府行动,也需要大规模的民众运动。真正的住房权利意味着激进的社会改革。一个让所有人都拥有体面住房的世界,不是没有可能。要迎来这样一个世界,我们就必须直面住房体系,必须改变给一代又一代人带来住房危机和社会危机的那些机制。现代世界早已拥有可以解决住房问题的技术能力和物质资源,但问题在于,所有饱受现状煎熬的人是否可以团结起来,创造一个真正人道的制度,让住房成为我们的家,而非房地产。

注释

引言　住房就是政治

1　Office of the Comptroller Scott Stringer, *The Growing Gap: New York City's Housing Affordability Challenge* (New York: Office of the Comptroller, 2014); Coalition for the Homeless, *New York City Homelessness: The Basic Facts* (New York: Coalition for the Homeless, 2015); NYU Furman Center, *State of New York City's Housing and Neighborhoods in 2014* (New York: Furman Center, 2014), 38; Elvin Wyly, Kathe Newman, Alex Schafran, and Elizabeth Lee, "Displacing New York," *Environment and Planning A* 42.11(2010): 2602–2623.

2　Michael E. Stone, "Housing Affordability: One-Third of a Nation Shelter-Poor," pp. 38–60 in Rachel G. Bratt, Michael E. Stone, and Chester Hartman, eds, *A Right to Housing: Foundation for a New Social Agenda* (Philadelphia: Temple University Press, 2006). 在他们的引言中，编者们写道，据估测 2006 年全美超过 1 亿人居住在"住房资源匮乏，社区不安全，住房过度拥挤，房价超过其实际承受能力"的条件下。Rachel G. Bratt, Michael E. Stone, and Chester Hartman, "Why a Right to Housing Is Needed and Makes Sense: Editors' Introduction," pp.1–19 in Bratt, Stone, and Hartman, *A Right to Housing*, 1.

3　National Low Income Housing Coalition, *Out of Reach 2015: Low Wages and High Rents Lock Renters Out* (Washington, DC: NLIHC, 2015), 1; Allison Charette, Chris Herbert, Andrew Jakabovics, Ellen Tracy Marya, and Daniel T. McCue, "Projecting Trends in Severely Cost-Burdened Renters: 2015–2025" (Enterprise Community Partners and Joint Center for Housing Studies, 2015), 6; Laurie Goodman, Rolf Pendall, and Jun

Zhu, *Headship and Homeownership: What Does the Future Hold?*
(Washington, DC: Urban Institute, 2015); Housing Assistance Council,
Taking Stock: Rural People, Poverty, and Housing in the 21st Century
(Washington, DC: HAC, 2012), 43 – 44.

4　Stefano Liberti, *Land Grabbing: Journeys in the New Colonialism*, trans.
　　Enda Flannely (London: Verso, 2013); Saskia Sassen, *Expulsions:*
　　Brutality and Complexity in the Global Economy (Cambridge, MA:
　　Harvard University Press, 2014); United Nations Centre for Human
　　Settlements, *An Urbanizing World: Global Report on Human Settlements*
　　(UN-HABITAT, 1996), 6; McKinsey Global Institute, *A Blueprint for*
　　Addressing the Global Affordable Housing Challenge (MGI, 2014), 2.我
　　们应当明确全球性的住房危机并不是说我们认为不同地区的住房问题都
　　是相同的。

5　Miloon Kothari, *The Global Crisis of Displacement and Evictions: A*
　　Housing and Land Rights Perspective (New York: Rosa Luxemburg
　　Stiftung, 2015), 6.

6　我们意识到分析越偏离像纽约这样的背景,受到的限制就越多。我们并非
　　声称北美或是西欧城市所有的住房都是相似的,也没有声称这些地方的住
　　房问题和其他地方是相似的。但我们的确在寻找其中合适的关联点。我
　　们希望,在有所关联的地方,我们的观点能适用于其他背景。

7　Frederick［原文如此］Engels, *The Housing Question*, ed. C. P. Dutt
　　(London: Lawrence and Wishart, 1936[1872]).

8　出处同前,18。

9　出处同前,73。

10　关于新自由主义的论述,参阅 William Davies, *The Limits of Neoliberalism:*
　　Authority, Sovereignty and the Logic of Competition (London: SAGE,
　　2014); Jamie Peck, *Constructions of Neoliberal Reason* (Oxford: Oxford
　　University Press, 2013); David Harvey, *A Brief History of*
　　Neoliberalism (Oxford: Oxford University Press, 2007); Neil Brenner and
　　Nik Theodore, eds, *Spaces of Neoliberalism: Urban Restructuring in*
　　North America and Western Europe (Oxford: Blackwell, 2002)。

11　"The Right to the City", pp. 63 – 118 in Henri Lefebvre, *Writings on*
　　Cities, ed. and trans. Eleonore Kofman and Elizabeth Lebas (Malden, MA:
　　Blackwell, 1996[1967]), 154. 并参阅 Lefebvre, *The Urban Revolution*,

trans. Robert Bononno (Minneapolis, MN: University of Minnesota Press, 2003[1970])。另参阅 Peter Marcuse, "Reading the Right to the City," *City* 18.1(2014), 4 - 9; Marcuse, "From Critical Urban Theory to the Right to the City," *City* 13.2 - 3(2009), 185 - 197; David J. Madden, "City Becoming World: Nancy, Lefebvre, and the Global-Urban Imagination," *Environment and Planning D* 30.5(2012), 772 - 787。

12　Lefebvre, "Right to the City," 159. 关于"居住者的政治"这一观点,参阅 Mark Purcell, "Excavating Lefebvre: The Right to the City and Its Urban Politics of the Inhabitant," *GeoJournal* 58(2002), 99 - 108。

13　列斐伏尔用"城市"这个词来描述这个世界,但是他采用了特殊的用法:"不能把城市权利看作一种简单观光权利或者是一种对传统城市的回归,而是只能将其阐述为改变了的、全新的城市生活的权利。城市结构是否包含了农村或者农民的生活是否留下了什么都不重要,只要'城市'能够找到其结构基础以及实现方式。'城市'是相遇的场所,拥有使用价值的优先性,在一段时间里题名提升至所有资源中最高等级的资源。"(Lefebvre, "Right to the City," 158.)与其说列斐伏尔是在谈论任何具体的城市,不如说是在阐述城市化理论以及他所认为的城市政治潜力。

14　参阅 Peter Marcuse and W. Dennis Keating, "The Permanent Housing Crisis: The Failures of Conservatism and the Limitations of Liberalism," pp.139 - 162 in Bratt, Stone, and Hartman, *A Right to Housing*。

15　Engels, *The Housing Question*, 17.

16　参阅"无家可归的情况存在不是因为体系没有正常运转,恰恰是因为体系按其既定目的运转的结果",引自 Peter Marcuse, "Neutralizing Homelessness," *Socialist Review* 88.1(1988), 93。

第一章　反对住房商品化

1　Vivian Marino, " $100.4 Million Sale at One57," *New York Times*, January 23, 2015; Andrew Rice, "Stash Pad," *New York Magazine*, June 29, 2014.

2　Kings County District Attorney, "Alleged Unscrupulous Landlords Indicted for Unlawful Eviction of Rent Stabilized Tenants and Filing False Documents in Connection with Residential Buildings in Bushwick, Greenpoint and Williamsburg," press release, April 16, 2015; Mireya Navarro, "2 Brooklyn Landlords, Accused of Making Units Unlivable, Are

Charged with Fraud," *New York Times*, April 16, 2015; Chelsia Rose Marcius and Kenneth Lovett, "Landlord Accused of Trashing Apartments to Boot Rent-Regulated Tenants Hit with Subpoena by Gov. Cuomo," *New York Daily News*, April 24, 2014; Mireya Navarro, "Tenants Living amid Rubble in Rent-Regulated Apartment War," *New York Times*, February 24, 2014.

3　Karl Marx, *Capital: A Critique of Political Economy*, vol.1, trans. Ben Fowkes (New York: Penguin, 1976[1867]), 138.

4　有关商品化和住房,参阅 Peter Marcuse and Emily Paradise Achtenberg, "Toward the Decommodification of Housing," pp.474 – 483 in Rachel G. Bratt, Chester Hartman, and Ann Meyerson, eds, *Critical Perspectives on Housing* (Philadelphia: Temple University Press, 1986), 477; Ray Forrest and Peter Williams, "Commodification and Housing: Emerging Issues and Contradictions," *Environment and Planning A* 16.9(1984), 1163 – 1180。

5　显然,这只是一个梗概,大致描绘了一个冗长的、极为复杂的历史进程。要想更加深入地了解,参阅 Arno Linklater, *Owning the Earth: The Transforming History of Landownership* (London: Bloomsbury Press, 2014); Lewis Mumford, *The City in History* (New York: Harcourt, 1989 [1961])。

6　Mumford, *The City in History*, 281.

7　Marx, *Capital*, 875, 876.

8　有关圈地运动的内容,参阅 J. M. Neeson, *Commoners: Common Rights, Enclosure and Social Change in England*, *1700 – 1820* (Cambridge: Cambridge University Press, 1993); Barrington Moore, *The Social Origins of Democracy and Dictatorship: Lord and Peasant in the Making of the Modern World* (Boston: Beacon Press, 1966); Gilbert Slater, *The English Peasantry and the Enclosure of Common Fields* (New York: A. M. Kelley, 1968[1907])。

9　Karl Polanyi, *The Great Transformation: The Political and Economic Origins of Our Time* (Boston, MA: Beacon Press, 2001[1944]), 37.

10　Marx, *Capital*, 885.

11　这并不是说私有化在全球范围内取得成功——只有各种殖民项目努力实现私有化。甚至在今天,哪里不动产为人们所共有,哪里就有关于圈地的斗争不断爆发。参阅 Stuart Hodkinson, "The New *Urban* Enclosures," *CITY:*

Analysis of Urban Trends，Culture，Theory，Policy，Action 16.5(2012)，500‐518；Alex Vasudevan，Colin McFarlane，and Alex Jeffrey，"Spaces of Enclosure，" *Geoforum* 39（2008），1641‐1646；Nicholas Blomely，"Enclosure，Common Right and the Property of the Poor，" *Social and Legal Studies* 17.3(2008)，311‐331。

12　参照 Peter Marcuse，"Gentrification，Homelessness，and the Work Process：Housing Markets and Labour Markets in the Quartered City，" *Housing Studies* 4.3(1989)，211‐220。

13　Betsy Blackmar，"Re‐walking the 'Walking City'：Housing and Property Relations in New York City，1780‐1840，" *Radical History Review* 21 (1979)，133.

14　William C. Baer，"Is Speculative Building Underappreciated in Urban History?，" *Urban History* 34.2（2007），302；Roy Porter，*London：A Social History*（Cambridge，MA：Harvard University Press，1994），103‐104.

15　Ira Katznelson，*City Trenches：Urban Politics and the Patterning of Class in the United States*（Chicago：The University of Chicago Press，1981），38.

16　当然，正如一代代女权主义理论家指出的那样，对于许多人而言，工作和住所从未分离过。尤其是在福特主义家庭工资制度发展到鼎盛时期，妇女无偿地家庭劳作就是住房体系的核心。其他新封建住房体制在今天仍保留了下来，就像在雇主的住房中一样。我们这里的要点不是居住区域和生产区域是彻底分离的，而是住房的市场价值已不再是在住房中进行生产这一功能。

17　参照"资产阶级……无情地斩断了把人们束缚于天然尊长的形形色色的封建羁绊，它使人和人之间除了赤裸裸的利害关系，除了冷酷无情的'现金交易'，就再也没有任何别的联系了"。Karl Marx and Friedrich Engels，*The Communist Manifesto*，trans. Samuel Moore（London：Penguin，2002 [1848]），220."现金联结"(cash nexus)这一词引自念旧的保守派托马斯·卡莱尔——保守派和激进派都不约而同地对土地商品化提出了不同的批判。参阅 Raymond Williams，*The Country and the City*（New York：Oxford University Press，1973），13‐45。

18　Frederick［原文如此］Engels，*The Condition of the Working Class in England in 1844*，trans. Florence Kelley Wischnewetsky（London：Swan Sonnenschein，1892[1845]）.

19 Peter Hall, *Cities of Tomorrow: An Intellectual History of Urban Planning and Design in the Twentieth Century*, 3rd ed. (Malden, MA: Blackwell, 2002[1988]), 13 – 47.

20 参阅 David Harvey, *The Limits to Capital* (Oxford: Blackwell, 1982)。

21 Linklater, *Owning the Earth*, 349 – 350; Lawrence J. Vale, "The Ideological Origins of Affordable Homeownership Efforts," pp. 15 – 40 in William M. Rohe and Harry L. Watson, eds, *Chasing the American Dream: New Perspectives on Affordable Homeownership* (Ithaca, NY: Cornell University Press, 2007), 21 – 27.

22 Jesus Hernandez, "Redlining Revisited: Mortgage Lending Patterns in Sacramento 1930 – 2004," pp.187 – 218 in Manuel Aalbers, ed., *Subprime Cities: The Political Economy of Mortgage Markets* (Malden, MA: Blackwell, 2012); Ira Katznelson, *When Affirmative Action Was White: The Untold History of Racial Inequality in Twentieth-Century America* (New York: Norton, 2006); Kevin Fox Gotham, "Racialization and the State: The Housing Act of 1934 and the Creation of the Federal Housing Administration," *Sociological Perspectives* 43. 2 (2000), 291 – 317; Kenneth T. Jackson, *Crabgrass Frontier: The Suburbanization of the United States* (New York: Oxford University Press, 1985).

23 参阅本书第三章。

24 参 阅 Michael Harloe, *The People's Home? Social Rented Housing in Europe and America* (Oxford: Blackwell, 1995); Richard L. Florida and Marshall M. A. Feldman, "Housing in U. S. Fordism," *International Journal of Urban and Regional Research* 12.2(1988), 187 – 210。

25 William M. Rohe and Harry L. Watson, "Introduction: Homeownership in American Culture and Public Policy," pp. 1 – 12 in Rohe and Watson, *Chasing the American Dream*, 9.

26 Jon D. Wiseman, "Wage Stagnation, Rising Inequality and the Financial Crisis of 2008," *Cambridge Journal of Economics* 37.4(2013), 921 – 945; William K. Tabb, "Wage Stagnation, Growing Insecurity, and the Future of the U.S. Working Class," *Monthly Review* 59.2(2007), 20 – 30.

27 Organisation for Economic Co-operation and Development, *In It Together: Why Less Inequality Benefits All* (Paris: OECD Publishing, 2015).

28 Henri Lefebvre, *The Urban Revolution*, trans. Robert Bononno

(Minneapolis, MN: University of Minnesota Press, 2003[1970]), 160.

29 掠夺性信贷加剧了种族歧视,是因为早期有色人种被排斥在主要住房信贷手段之外,这在住房相关文献中是有充分依据的。参阅 Hernandez, "Redlining Revisited"; Elvin Wyly and C. S. Ponder, "Gender, Age, and Race in Subprime America," *Housing Policy Debate* 21.4(2011), 529 – 564; Gary A. Dymski, "Racial Exclusion and the Political Economy of the Subprime Crisis," *Historical Materialism* 17(2009), 149 – 179; Elvin K. Wyly, Mona Atia, Holly Foxcroft, Daniel J. Hammel, and Kelly Phillips-Watts, "American Home: Predatory Mortgage Capital and Neighbourhood Spaces of Race and Class Exploitation in the United States," *Geografiska Annaler Series B Human Geography* 88.1(2006), 105 – 132; Association of Community Organizations for Reform Now, "Separate and Unequal: Predatory Lending in America," 2004。

30 参阅 Kevin Fox Gotham, "Creating Liquidity out of Spatial Fixity: The Secondary Circuit of Capital and the Restructuring of the US Housing Finance System," pp. 25 – 52 in Aalbers, *Subprime Cities*; Manuel B. Aalbers, "European Mortgage Markets before and after the Financial Crisis," pp. 120 – 150 in ibid.; Dan Immergluck, "Core of the Crisis: Deregulation, the Global Savings Glut, and Financial Innovation in the Subprime Debacle," *City and Community* 8.3(2009), 341 – 345; Mark Stephens, "Mortgage Market Deregulation and Its Consequences," *Housing Studies* 22.2(2007), 201 – 220。

31 Furman Center for Real Estate and Urban Policy, *Rent Stabilization in New York City* (New York: New York University, 2012), 2.

32 Peter Malpass, "The Unraveling of Housing Policy in Britain," *Housing Studies* 11.3(1996), 459 – 470; A. D. H. Cook, "Private Rented Housing and the Impact of Deregulation," pp. 91 – 112 in Johnston Birchall, ed., *Housing Policy in the 1990s* (New York: Routledge, 1992); Peter Malpass, *Reshaping Housing Policy: Subsidies, Rents and Residualisation* (London: Routledge, 1990).

33 John Bone and Karen O'Reilly, "No Place Called Home: The Causes and Social Consequences of the UK Housing 'Bubble,'" *British Journal of Sociology* 61.2(2010), 238.

34 Center on Budget and Policy Priorities, "Introduction to Public Housing,"

January 25, 2013, 2; Edward G. Goetz, "Where Have All the Towers Gone? The Dismantling of Public Housing in U. S. Cities," *Journal of Urban Affairs* 33.3(2011), 267 – 287.

35 Norman Ginsburg, "The Privatisation of Council Housing," *Critical Social Policy* 25.1(2005), 117.有关伦敦公共住房和绅士化的联系,参阅 Paul Watt,"Housing Stock Transfers, Regeneration and State-led Gentrification in London," *Urban Policy and Research* 27.3(2009), 229 – 242。

36 Iván Tosics, "From Socialism to Capitalism: The Social Outcomes of the Restructuring of Cities," pp. 75 – 100 in Naomi Carmon and Susan S. Fainstein, eds, *Policy, Planning, and People: Promoting Justice in Urban Development* (Philadelphia, PA: University of Pennsylvania Press, 2013), 82.

37 参阅金融化相关文献:Costas Lapavitsas, "Financialised Capitalism: Crisis and Financial Expropriation," *Historical Materialism* 17 (2009), 114 – 148; John Bellamy Foster, "The Financialization of Capitalism," *Monthly Review* 58.11(2007), 1 – 14; Greta R. Krippner, "The Financialization of the American Economy," *Socio-economic Review* 3.2(2005), 173 – 208; Randy Martin, *Financialization of Daily Life* (Philadelphia: Temple University Press, 2002)。

38 Kevin Fox Gotham, "The Secondary Circuit of Capital Reconsidered: Globalization and the U. S. Real Estate Sector," *American Journal of Sociology* 112.1(2006), 257; Heather MacDonald, "The Rise of Mortgage-Backed Securities: Struggles to Reshape Access to Credit in the U.S.A.," *Environment and Planning A* 28.7(1995), 1179.

39 Desiree Fields, "Contesting the Financialization of Urban Space: Community Organizations and the Struggle to Preserve Affordable Rental Housing in New York City," *Journal of Urban Affairs* 37.2(2014), 148. 另参阅 Gotham, "Creating Liquidity Out of Spatial Fixity"; Manuel B. Aalbers, "The Financialization of Home and the Mortgage Market Crisis," *Competition and Change* 12.2(2008), 148 – 166。

40 Michael Harloe, "The Recommodification of Housing," pp. 17 – 50 in Michael Harloe and Elizabeth Lebas, eds, *City, Class and Capital: New Developments in the Political Economy of Cities and Regions* (London: Edward Arnold, 1981), 26.

41 Association for Neighborhood and Housing Development，"The Sub-prime Loan Crisis in New York Apartment Housing: How Collapsing Predatory Equity Deals Will Harm Communities and Investors in New York City" (2008)，3.

42 The Homes for All Campaign of the Right to the City Alliance, principal author Desiree Fields，"The Rise of the Corporate Landlord: The Institutionalization of the Single-Family Rental Market and Potential Impacts on Renters"(2014)，6.

43 Daniel Rose，"Real Estate: Evolution of an Industry," *Real Estate Issues* 28.3(2003)，49.

44 Gotham，"The Secondary Circuit of Capital Reconsidered," 247.

45 同上,246。这些数据始终是 2 002 美元。

46 Oliver Wainwright，"Anger at Cannes Property Fair Where Councils Rub Shoulders with Oligarchs," *The Guardian*，March 14，2014；Martina Fuchs and André Scharmanski，"Counteracting Path Dependencies: 'Rational' Investment Decisions in the Globalising Commercial Property Market," *Environment and Planning A* 41.11(2009)，2724 – 2740.

47 Jonathan Miller，"Luxury Real Estate as the World's New Currency," *Douglas Elliman Magazine*，October 18，2012，16.

48 Rice，"Stash Pad."

49 Damien Gayle，"Foreign Criminals Use London Housing Market to Launder Billions of Pounds," *The Guardian*，July 25，2015；Martin Filler，"New York: Conspicuous Construction," *New York Review of Books*，April 2，2015；Michael Hudson，Ionuṭ Stanescu，and Sam Adler-Bell，"How New York Real Estate Became a Dumping Ground for the World's Dirty Money," *The Nation*，July 3，2014；Hans Nelen，"Real Estate and Serious Forms of Crime," *International Journal of Social Economics* 35. 10 (2008)，751 – 762.

50 Robert Booth，"UK Properties Held by Offshore Firms Used in Global Corruption, Say Police," *The Guardian*，March 4，2015；Louise Story and Stephanie Saul，"Stream of Foreign Wealth Flows to Elite New York Real Estate," *New York Times*，February 7，2015；Sophia Kishkovsky，"A Class Struggle on Moscow's Golden Mile," *International Herald Tribune*，December 18，2006.

51 John Urry, *Offshoring* (Cambridge: Polity, 2014), 20; William Brittain-Catlin, *Offshore: The Dark Side of the Global Economy* (New York: Farrar, Straus, and Giroux, 2005).

52 New York City Independent Budget Office, "Budget Options for New York City," November 2014, 50.

53 Elizabeth A. Harris, "Why Buy a Condo You Seldom Use? Because You Can," *New York Times*, February 11, 2013.

54 关于精英们以何种方式改变着伦敦的一个地区,可参阅 Richard Webber and Roger Burrows, "Life in an Alpha Territory: Discontinuity and Conflict in an Elite London 'Village'", *Urban Studies*。

55 Henri Lefebvre, "The Right to the City," pp.63 - 181 in Eleonore Kofman and Elizabeth Lebas, eds and trans., *Writings on Cities* (Oxford: Blackwell, 1996[1967]), 158 - 159.

56 Rowland Atkinson, "Limited Exposure: Social Concealment, Mobility and Engagement with Public Space by the Super-Rich in London," *Environment and Planning A*, 1 - 16.

57 参阅 New York City Independent Budget Office, "From Tax Breaks to Affordable Housing: Examining the 421-a Tax Exemption for One57," July 2015。

58 主要问题是"平价住房"是一种房地产策略,而不是用来生产每个人都能负担得起的体面住房的机制。参阅本书第四章。

59 Rosa Goldensohn, "Billionaire's Row Supertower Deal Only Subsidized About 23 Affordable Units," DNAinfo.com, July 30, 2015.

60 New York City Independent Budget Office, "Tax Breaks to Affordable Housing."

61 Dan Andrews, Aida Caldera Sánchez, and Åsa Johansson, "Housing Markets and Structural Policies in OECD Countries," *OECD Economics Department Working Papers* 836 (2011), 7; Nick Bailey, "Deregulated Private Renting: A Decade of Change in Scotland," *Netherlands Journal of Housing and the Built Environment* 14.4(1999), 363 - 384. 也可参阅 David G. Green and Daniel Bentley, "Finding Shelter: Overseas Investment in the UK Housing Market" (London: Civitas, 2014)。

62 Michael McCord, Stanley McGreal, Jim Berry, Martin Haran, and Peadar Davis, "The Implications of Mortgage Finance on Housing Market

Affordability," *International Journal of Housing Markets and Analysis* 4.4(2011), 394 – 417.

63　Furman Center, *Rent Stabilization in New York City*.

64　Joint Center for Housing Studies, "America's Rental Housing: Expanding Options for Diverse and Growing Demand" (2015), 4.

65　Aimee Inglis, principal author, "The New Single-Family Home Renters of California: A Statewide Survey of Tenants Renting from Wall Street Landlords" (Tenants Together, May 2015); Rob Call,主要作者, "Renting from Wall Street: Blackstone's Invitation Homes in Los Angeles and Riverside" (Right to the City Alliance, 2014).

66　Nick Sommerland, "Great Tory Housing Shame: Third of Ex-Council Homes Now Owned by Rich Landlords," *Daily Mirror*, March 5, 2013; David Spittles, "Ex-Council Flats Are Right to a Goldmine," *Homes and Property*, July 25, 2012.

67　Tom Copley, *From Right to Buy to Buy to Let* (London: Greater London Authority/London Assembly Labour, January 2014), 2.

68　同上。

69　Nick Sommerland, "Ex-Council Housing Racket: Private Landlords Charging Several Times Council Levels with Taxpayer Footing Difference," *Daily Mirror*, March 6, 2013.

70　参阅 Harloe, "The Recommodification of Housing"。

71　Elizabeth Dwoskin, "When Hipsters Move in on Chinese: It's Ugly," *Village Voice*, April 20, 2010; Michael Powell, "Her Chinatown Home Is 'Underperforming,'" *New York Times*, August 15, 2011; Lore Croghan, "Chinatown Divided: Luxury Developers Battle Tenants and Small-Business Owners," *New York Daily News*, March 5, 2009. 参阅 CAAAV Organizing Asian Communities and the Community Development Project of the Urban Justice Center, *Converting Chinatown: A Snapshot of a Neighborhood Becoming Unaffordable and Unlivable* (New York: CAAV, December 2008)。

72　Neil Smith, *The New Urban Frontier: Gentrification and the Revanchist City* (New York: Routledge, 1996), 62.

73　Kathe Newman and Elvin K. Wyly, "The Right to Stay Put, Revisited: Gentrification and Resistance to Displacement in New York City," *Urban*

Studies 43.1(2006), 49.

74 同上。

75 Dina Levy, "Fighting Predatory Equity," *Shelterforce*, March 29, 2011.

76 Patrick Collinson, "Meet the New Class of Landlords Profiting from Generation Rent," *The Guardian*, June 28, 2013; Emma Lunn and Patrick Collinson, "Rent-to-Rent, the Latest Get-Rich-Quick Scheme," *The Guardian*, June 29, 2013.

77 Edward Glaeser, "Ease Housing Regulation to Increase Supply," *New York Times*, October 16, 2013.

78 Howard Husock, "The Frozen City," *City Journal* (2013).

79 Matthew Yglesias, "NIMBYS Are Killing the National Economy," *Vox*, April 25, 2014.

80 关于有效市场假说在次贷危机中所扮演角色,可参阅 Gary A. Dymski 的深刻探讨:"The Reinvention of Banking and the Subprime Crisis: On the Origins of Subprime Loans, and How Economists Missed the Crisis,"pp. 151－184 in Aalbers, *Subprime Cities*。

81 Robert J. Shiller, "The Housing Market Still Isn't Rational," *New York Times*, July 24, 2015; Edward L. Glaeser, "A Nation of Gamblers: Real Estate Speculation and American History," National Bureau of Economic Research Working Paper, 2013.

82 Polanyi, *The Great Transformation*, 3.

83 这些都是不同城市中最近发生的例子。参阅 Amelia Gentleman, "The Woman Who Lives in a Shed: How London Landlords Are Cashing in," *The Guardian*, May 9, 2012; "In Wealthy Hong Kong, Poorest Live in Metal Cages," *New York Daily News*, August 2, 2013; Make the Road New York, *Toxic Homes: Exposure to Indoor Toxins in Bushwick* (New York: Make the Road, 2009); Patrick Butler, "Housing Raid Finds 26 People Living in Three-Bedroom East London Home," *The Guardian*, June 25, 2015。

第二章　住房异化

1 Winnie Hu, "Some See Little Room for Large, Poor Families in Mayor's Housing Plan," *New York Times*, October 19, 2012.

2 New York City Rent Guidelines Board, *Housing Supply Report* (New York:

New York City Rent Guidelines Board，2015），3.

3　Michael Wilson，"8 Children Are Among Dead in Bronx Fire，" *New York Times*，March 8，2007.

4　显而易见，我们在这里对这一概念未做深入探究。有关异化的深入分析，参阅 Sean Sayers，*Marx and Alienation: Essays on Hegelian Themes* (Basingstoke：Palgrave Macmillan，2011)；Lauren Langman and Devorah Kalekin-Fishman，*The Evolution of Alienation: Trauma*，*Promise and the Millennium*（Oxford：Rowman & Littlefield，2006)；Bertell Ollman，*Alienation: Marx's Concept of Man in Capitalist Society*，2nd ed. (Cambridge：University of Cambridge Press，1976)；Richard Schact，*Alienation*（New York：Doubleday，1970)；Istán Mészáros，*Marx's Theory of Alienation*（London：Merlin Press，1970)；Erich Fromm，*Marx's Concept of Man*（New York：F. Ungar，1961)。

5　关于不稳定性的规则和灵活性的规则，参阅 Guy Standing，*The Precariat: The New Dangerous Class*（London：Bloomsbury，2011)；Richard Sennett，*The Culture of the New Capitalism*（New Haven：Yale University Press，2006)；Zygmunt Bauman，*Work*，*Consumerism and the New Poor*（New York：Open University Press，2005)；Brett Neilson and Ned Rossiter，"Precarity as a Political Concept，or，Fordism as Exception，"*Theory*，*Culture and Society* 25.7‑8（2008)，51‑72；Kim Moody，*Workers in a Lean World: Unions in International Economy* (London：Verso，1997)；David Harvey，"Flexible Accumulation through Urbanization：Reflections on 'Post-modernism' in the American City，" *Antipode* 19.3(1987)，260‑286. 作为批判理论的概念，异化和不稳定性之间存在明显的差异，但是我们感觉两者和这里的讨论并没有重要联系。

6　"先知们所谓的'偶像崇拜'，其本质不是说人崇拜许多神，而弃独一的神。偶像是人用自己的双手创造出来的——它们是物，人向物俯首敬拜；敬拜自己亲手创造的事物。" Fromm，*Marx's Concept of Man*，44.

7　Karl Marx，"Economic and Philosophic Manuscripts of 1844，" pp.66‑125 in *The Marx-Engels Reader*，ed. Robert C. Tucker，2nd ed.（New York：Norton，1978)，72，78.

8　同上，74。

9　Rahel Jaeggi，*Alienation*，trans. Frederick Neuhouser and Alan E. Smith (New York：Columbia University Press，2014)，6.

10 无可否认,对异化的标准描述中有一些方面不适用于住房。其中最主要的是如下观点:异化这种境况出自工业生产而非消费。不过,居住的过程不是纯粹的消费主义。正如许多女权主义者认为的那样,居住空间仅能通过工作创造。准确地说,家是生产和社会再生产以特定形式进行的地方。如果没有家庭领域,就不可能有其他所有的生产。参阅 Silvia Federici, *Revolution at Point Zero: Housework, Reproduction and Feminist Struggle* (Oakland, CA: PM Press, 2012)。

11 Lauren M. Ross and Gregory D. Squires, "The Personal Costs of Subprime Lending and the Foreclosure Crisis: A Matter of Trust, Insecurity and Institutional Deception," *Social Science Quarterly* 92.1(2011), 152.

12 同上。

13 Sarah Nettleton and Roger Burrows, "When a Capital Investment Becomes an Emotional Loss: The Health Consequences of the Experience of Mortgage Possession in England," *Housing Studies* 15.3(2000), 468.

14 同上,469。

15 Shaila Dewan, "Evictions Soar in Hot Market; Renters Suffer," *New York Times*, August 24, 2014.

16 Raymond H. Brescia, "Sheltering Counsel: Towards a Right to a Lawyer in Eviction Proceedings," Touro Law Review 25.1(2009), 192.

17 公布的驱逐数据更凸显了驱逐现象的普遍性,因为许多家庭在正式的驱逐进程完成之前就被迫搬离了。

18 参阅 Matthew Desmond, "Unaffordable America: Poverty, Housing and Eviction," *Fast Focus* 22(2015); Dewan, "Evictions Soar in Hot Market"。

19 Sten-Åke Stenberg and Igor van Laere, "Evictions—A Hidden Social Problem: Comparative Evidence from Modern Welfare States," paper presented at the annual meeting of the International Sociological Association Research Committee 43(2009).

20 Paul Gallagher, "Number of People Evicted from Rented Homes Has Soared since Housing Benefit Cuts Began," *The Independent*, April 13, 2015.

21 Udesh Pillay and Orli Bass, "Mega-events as a Response to Poverty Reduction: The 2010 FIFA World Cup and Its Urban Development Implications," *Urban Forum* 19(2008), 336.

22 Bruce Dougals, "Brazil Officials Evict Families from Homes ahead of 2016

Olympic Games," *The Guardian*, October 28, 2015.

23 参阅 Elizabeth A. Mulroy and Terry S. Lane, "Housing Affordability, Stress and Single Mothers: Pathway to Homelessness," *Journal of Sociology and Social Welfare* 19.3(2015), 51 – 64; Chester Hartman and David Robinson, "Evictions: The Hidden Housing Problem," *Housing Policy Debate* 14.4(2003), 461 – 501; Martha Burt, "Homeless Families, Singles, and Others: Findings from the 1996 National Survey of Homeless Assistance Providers and Clients," *Housing Policy Debate* 12.4(2001), 737 – 780。

24 Matthew Desmond and Rachel Tolbert Kimbro, "Eviction's Fallout: Housing, Hardship and Health," *Social Forces*, 1 – 30; Matthew Desmond, "Eviction and the Reproduction of Urban Poverty," *American Journal of Sociology* 118.1(2012), 88 – 133.

25 Adam Wodka, "Landscapes of Foreclosure: The Foreclosure Crisis in Rural America" (Washington, DC: Neighbor Works America, 2009); Christopher Niedt and William Martin, "Who Are the Foreclosed? A Statistical Portrait of America in Crisis," *Housing Policy Debate* 23.1 (2013), 159 – 176.

26 Susan Saegert, Desiree Fields, and Kimberly Libman, "Deflating the Dream: Radical Risk and the Neoliberalization of Homeownership," *Journal of Urban Affairs* 31.3(2009), 297 – 317.

27 Kimberly Libman, Desiree Fields, and Susan Saegert, "Housing and Health: A Social Ecological Perspective on the US Foreclosure Crisis," *Housing, Theory and Society* 29.1(2012), 1 – 24; Theresa L. Osypuk, Cleopatra Howard Caldwell, Robert W. Platt, and Dawn P. Misra, "The Consequences of Foreclosure for Depressive Symptomatology," *Annals of Epidemiology* 22.6 (2012), 379 – 387; D. J. Pevalin, "Housing Repossessions, Evictions and Common Mental Illness in the UK: Results from a Household Panel Study," *Journal of Epidemiology and Community Health* 63.11(2009), 949 – 951.

28 Jason N. Houle, "Mental Health in the Foreclosure Crisis," *Social Science and Medicine* 118(2014), 1 – 8.

29 Marc Fried, "Grieving for a Lost Home," pp. 359 – 379 in James Q. Wilson, ed., *Urban Renewal: The Record and the Controversy*

(Cambridge, MA: MIT Press, 1966), 360. 另可参阅 Herbert Gans, *The Urban Villagers: Group and Class in the Life of Italian-Americans* (New York: Free Press, 1962)。

30 Mindy Fullilove, *Root Shock: How Tearing Up City Neighborhoods Hurts America, and What We Can Do about It* (New York: One World/ Ballantine Books, 2004), 11.

31 Shelter England, "Housing Costs Cause Stress and Depression for Millions," January 17, 2013.

32 R. D. Laing, *The Divided Self: An Existential Study in Sanity and Madness* (London: Pelican, 1965); 也可参阅 Deborah K. Padgett, "There's No Place Like (a) Home: Ontological Security among Persons with Serious Mental Illness in the United States," *Social Science and Medicine* 64(2007), 1925 – 1936; Rosemary Hiscock, Ade Kearns, Sally MacIntyre, and Anne Ellaway, "Ontological Security and Psycho-social Benefits from the Home: Qualitative Evidence on Issues of Tenure," *Housing, Theory and Society* 18.1 – 2(2001), 50 – 66; Anthony Giddens, *Modernity and Self-Identity: Self and Society in the Late Modern Age* (Cambridge: Polity, 1991)。

33 Coalition for the Homeless, "Turning the Tide: New York City Takes Steps to Combat Record Homelessness, but Albany Must Step Up" (2015), 2. 伦敦那些无家可归的年轻人体验过稳定性和流动性,对其体验的分析,参阅 Emma Jackson, "Fixed in Mobility: Young Homeless People and the City," *International Journal of Urban and Regional Research* 36.4 (2012), 725 – 741。

34 有关绅士化和无家可归的联系,参阅 Institute for Children, Poverty and Homelessness, "The Process of Poverty Destabilization: How Gentrification Is Reshaping Upper Manhattan and the Bronx and Increasing Homelessness in New York City" (2014); Institute for Children and Poverty, "Pushed Out: The Hidden Costs of Gentrification: Displacement and Homelessness" (2009); Peter Marcuse, "Gentrification, Homelessness, and the Work Process: Housing Markets and Labour Markets in the Quartered City," *Housing Studies* 4.3(1989), 211 – 220。

35 Dennis P. Culhane, Chang-Moo Lee, and Susan M. Wachter, "Where the Homeless Come from: A Study of the Prior Address Distribution of

Families Admitted to Public Shelters in New York City and Philadelphia," *Housing Policy Debate* 7.2(1996), 327 – 365.

36 Marguerite V. Marin and Edward F. Vacha, "Self-Help Strategies and Resources among People at Risk of Homelessness: Empirical Findings and Social Services Policy," *Social Work* 39.6(1994), 649 – 657; Edward F. Vacha and Marguerite V. Marin, "Doubling Up: Low Income Households Sheltering the Hidden Homeless," *Journal of Sociology and Social Work* 20.3(1993), 25 – 41. 关于长住型酒店及其消失,参阅 Brian J. Sullivan and Jonathan Burke, "Single-Room Occupancy Housing in New York City: The Origins and Dimensions of a Crisis," *CUNY Law Review 17* (2013), 901 – 931; Terri Wingate-Lewinson, June Gary Hopps, and Patricia Reeves, "Liminal Living at an Extended Stay Hotel: Feeling 'Stuck' in a Housing Situation," *Journal of Sociology and Social Welfare* 37.2(2010), 9 – 34。

37 Pratt Center for Community Development and Chhaya Community Development Corporation, *New York's Housing Underground: A Refuge and Resource* (New York: Pratt Center and Chhaya CDC, 2008).

38 同上。

39 Vivian S. Toy, "Unraveling the Issue of Illegal Apartments," *New York Times*, June 8, 2003.

40 Kareem Fahim, "4 Are Killed in 2 Fires in Queens and Brooklyn," *New York Times*, November 7, 2009.

41 Andy Newman and Mosi Secret, "Manslaughter Charges for Landlords in Brooklyn Fire That Killed 5," *New York Times*, June 14, 2012.

42 Sarah Maslin Nir, "Landlord Accused of Endangering Tenants," *New York Times*, March 27, 2013.

43 David Gonzalez, "Brooklyn Holdouts Battle Their Landlord," *New York Times*, September 29, 2008.

44 Make the Road by Walking, *This Side of Poverty: Bushwick's Housing Crisis* (New York: Make the Road by Walking, Inc., 2003), 6.

45 Lynne C. Manzo, Rachel G. Kleit, and Dawn Couch, "'Moving Three Times Is Like Having Your House on Fire Once': The Experience of Place and Impeding Displacement among Public Housing Residents," *Urban Studies* 45.9(2008), 1865.

46 关于污名化的社区,参阅 Tom Slater, "Territorial Stigmatization: Symbolic + 1

Defamation and the Contemporary Metropolis," in John Hannigan and Greg Richards, eds, *The Handbook of New Urban Studies* (London: SAGE); Hamish Kallin and Tom Slater, "Activating Territorial Stigma: Gentrifying Marginality on Edinburgh's Periphery," *Environment and Planning A* 46.6 (2014), 1351 – 1368; Lynn Hancock and Gerry Mooney, "'Welfare Ghettos' and the 'Broken Society': Territorial Stigmatization in the Contemporary UK," *Housing, Theory and Society* 30.1(2013), 46 – 64; David Garbin and Gareth Millington, "Territorial Stigma and the Politics of Resistance in a Parisian *Banlieue*: La Courneuve and Beyond," *Urban Studies* 49. 10 (2012), 2067 – 2083; Loïc Wacquant, "Territorial Stigmatization in the Age of Marginality," *Thesis Eleven* 91. 1 (2007), 66 – 77。

47   对工人阶级女性"在家感觉无家可归"的深刻分析,参阅 Katy Bennett, "Homeless at Home in East Durham," *Antipode* 43.4(2011), 960 – 985。

48   引自 *The Debates in the Federal Convention of 1787 Which Framed the Constitution of the United States of America: Reported by James Madison*, ed. Gaillard Hunt and James Brown Scott (New York: Oxford University Press, 1920), 353。

49   President Barack Obama, "Remarks by the President on Responsible Homeownership," press release, August 6, 2013.

50   引自 Jim Kemeny, "A Critique of Homeownership," pp.272 – 295 in Rachel G. Bratt, Chester Hartman, and Ann Meyerson, eds, *Critical Perspectives on Housing* (Philadelphia: Temple University Press, 1986), 272。

51   Senator Charles Percy, "A New Dawn for Our Cities," campaign address, Chicago, September 15, 1966, printed in *Congressional Record*, October 16, 1966. 在他的政治生涯期间,珀西是用自有房方案解决住房问题的一个主要推动者。

52   James Barlow and Simon Duncan, "The Use and Abuse of Housing Tenure," *Housing Studies* 3.4(1988), 219 – 231; Peter Marcuse, "The Legal Attributes of Homeownership for Low and Moderate Income Families," Working Paper 209 – 1 – 1 (Washington, DC: Urban Institute, 1972).

53   参阅 Richard Harris and Chris Hamnett, "The Myth of the Promised Land: The Social Diffusion of Home Ownership in Britain and North America," *Annals of the Association of American Geographers* 77.2(1987), 173 – 190。

54 Danya E. Keene, Sarah K. Cowan, and Amy Castro Baker, "'When You're in a Crisis Like That, You Don't Want People to Know': Mortgage Strain, Stigma, and Mental Health," *American Journal of Public Health* 105.5 (2015), 1010.

55 同上。

56 Reinout Kleinhans and Marja Elsinga, "'Buy Your Home and Feel in Control': Does Home Ownership Achieve the Empowerment of Former Tenants of Social Housing?," *European Journal of Housing Policy* 10.1 (2010), 41 – 61; Hiscock et al., "Ontological Security and Psycho-social Benefits from the Home"; Ade Kearns, Rosemary Hiscock, Anne Ellaway, and Sally Macintyre, "'Beyond Four Walls.' The Psycho-social Benefits of Home: Evidence from West Central Scotland," *Housing Studies* 15.3 (2000); 387 – 410.

57 参阅 Stephanie M. Stern, "Reassessing the Citizen Virtues of Homeownership," *Columbia Law Review* 100.2(2011), 101 – 151。

58 参阅 Jim Kemeny 等人关于保有权和福利的关系的研究,例如 Jim Kemeny, "'The Really Big Trade-Off' between Home Ownership and Welfare: Castles' Evaluation of the 1980 Thesis, and a Reformulation 25 Years On," *Housing, Theory and Society* 22.2(2005), 59 – 75; Kemeny, "Comparative Housing and Welfare: Theorising the Relationship," *Journal of Housing and the Built Environment* 16.1(2001), 53 – 70; Francis G. Castles, "The Really Big Trade-Off: Home Ownership and the Welfare State in the New World and the Old," *Acta Politica* 33(1998), 5 – 19。

59 Karl Marx, "Alienation and Social Classes" (excerpted from *The Holy Family: A Critique of Critical Criticism*, 1845), pp.133 – 135 in *The Marx-Engels Reader*, 133.

60 Peter Marcuse, "The Liberal/Conservative Divide in the History of Housing Policy in the United States," *Housing Studies* 16.6(2001), 717 – 736.

61 Ernest Mandel, "The Causes of Alienation," pp.13 – 30 in Ernest Mandel and George Novack, *The Marxist Theory of Alienation: Three Essays* (New York: Pathfinder Press, 1973), 30.

第三章 住房中的压迫与自由

1 Langdon W. Post, *Housing ... Or Else: A Letter to a Banker* (New York:

New York City Housing Authority, 1936), 22.

2　Peter Marcuse, "The Pitfalls of Specialism: Special Groups and the General Problem of Housing," pp.76 - 82 in Chester Hartman and Sara Rosenberry, eds, *Housing Issues of the 1990s* (Westport, CT: Praeger, 1988).

3　举例来说,"许多观察员声称,我们正面临的问题是'平价住房短缺',甚至是'平价住房危机'。最重要的问题是,太多住户居住在'负担不起'的出租单元中……我们得出结论,尽管目前的关注点在住房上,但是购房能力问题背后的原因主要是收入不足"。参阅 Ron Feldman, "The Affordable Housing Shortage: Considering the Problem, Causes and Solutions," Banking and Policy Working Paper 02 - 02 (Minneapolis: Federal Reserve Bank of Minneapolis, 2002), 2。

4　例如参阅 Todd Swanstrom 的一些评论, "Beyond Economism: Urban Political Economy and the Postmodern Challenge," *Journal of Urban Affairs* 15.1(1993), 55 - 78。

5　参阅 Rachel G. Bratt, Chester Hartman, and Ann Meyerson 所编 *Critical Perspectives on Housing* (Philadelphia, PA: Temple University Press, 1986)一书中收录的各篇文章。

6　正如我们在第一章所解释的,住房和劳动剥削互相交织,这是在前商品时代的一个常态。这种常态并没有随着商品化住房的出现而终结,而是与它共存。

7　Michael Weisser, "Arbeiterkolonien: Über Motive zum Bau von Arbeitersiedlungen durch industrielle Unternehmener im 19. und frühen 20. Jahrhundert in Deutschland," pp.7 - 56 in Joachim Petsch, ed, *Architektur und Städtebau im 20. Jahrhundert*, vol. 2 (West Berlin: Verlag für das Studium der Arbeiterbewegung, 1975); Gwendolyn Wright, *Building the Dream: A Social History of Housing in America* (Cambridge, MA: MIT Press, 1983), 58 - 72; J. D. Porteous, "The Nature of the Company Town," *Transactions of the Institute of British Geographers* 51(1970), 127 - 142; Stanley Buder, "The Model Town of Pullman: Town Planning and Social Control in the Gilded Age," *Journal of the American Institute of Planners* 33.1(1967), 2 - 10.

8　Michelle Buckley, "Locating Neoliberalism in Dubai: Migrant Workers and Class Struggle in the Autocratic City," *Antipode* 45.2(2013), 256 - 274; Ahmed Kanna, "Dubai in a Jagged World," *Middle East Report* 243

（2007），22 - 29；Irene Eng，"The Rise of Manufacturing Towns：Externally Driven Industrialization and Urban Development in the Pearl River Delta of China," *International Journal of Urban and Regional Research* 21.4(1997)，554 - 568.

9 例如参阅 Sunita Menon，"Captive Workers Escape from Housing Compound," *Gulf News*，March 7，2005。

10 天主教保守派作家路易·弗约（Louis Veuillot）援引过这句话，引自 Eric Hazan，*The Invention of Paris: A History in Footsteps*（London：Verso，2011[2002]），131。

11 仅在奥斯曼对巴黎进行改造的几年前,法国公务员 H.A.弗雷吉耶尔（H. A. Frégier)创造了这一词,说明在中产阶级眼中,城市穷人是具有威胁性的罪犯。参阅 Marie Marmo Mullaney，"Frégier and the 'Dangerous Classes'：Poverty in Orleanist France," *International Social Science Review* 58. 2 (1983)，88 - 92。关于当代版本的奥斯曼，参阅 Neil Smith，*The New Urban Frontier: Gentrification and the Revanchist City*（London：Routledge，1996）；Loretta Lees，Hyun Bang Shin，and Ernesto López-Morales，eds，*Global Gentrifications: Uneven Development and Displacement*（Bristol：Policy Press，2015）；Andy Merrifield's discussion of "neo-Haussmannization" in *The New Urban Question*（London：Pluto Press，2014）。关于美国当代城市更新与世纪中叶城市更新的差别,参阅 Derek S. Hyra，"Conceptualizing the New Urban Renewal：Comparing the Past to the Present," *Urban Affairs Review* 48.4(2012)，498 - 527。

12 关于郊区"压迫性布局",参阅 Mustafa Dikeç，*Badlands of the Republic: Space，Politics，and Urban Policy*（Malden，MA：Blackwell，2007），158 - 162。

13 J. Douglas Porteous and Sandra E. Smith，*Domicide: The Global Destruction of Home*（Montreal：McGill-Queens University Press，2001）；Mel Nowicki，"Rethinking Domicide：Towards an Expanded Critical Geography of Home," *Geography Compass* 8.11(2014)，785 - 795.

14 Porteous and Smith，*Domicide*，12.

15 Gearóid Ó Tuathail and Carl Dahlman，"Post-domicide Bosnia and Herzegovina：Homes，Homelands and One Million Returns," *International Peacekeeping* 13.2(2006)，242 - 260.

16 Amnesty International，*Families under the Rubble: Israeli Attacks on*

Inhabited Homes (London: Amnesty International, 2014); B'Tselem, "House Demolition as Punishment," November 26, 2014; Christopher Harker, "Spacing Palestine through the Home," *Transactions of the Institute of British Geographers* 34. 3 (2009), 320 – 332; Amnesty International, "Israel/Occupied Territories: House Demolition," September 29, 2005.

17　United Nations Office for the Coordination of Humanitarian Affairs, *Under Threat: Demolition Orders in Area C of the West Bank* (East Jerusalem: UNOCHA, 2015), 5.

18　Henry W. Morton, "Who Gets What, When and How? Housing in the Soviet Union," *Soviet Studies* 32.2(1980), 235 – 259.

19　Peter Marcuse, "A Critical Approach to the Subprime Mortgage Crisis in the United States: Rethinking the Public Sector in Housing," *City and Community* 8. 3(2009), 351 – 356; Lynne Dearborn, "Homeownership: The Problematics of Ideals and Realities," *Journal of Affordable Housing and Community Development Law* 16.1(2006), 40 – 51; Richard Harris and Chris Hamnett, "The Myth of the Promised Land: The Social Diffusion of Home Ownership in Britain and North America," *Annals of the Association of American Geographers* 77. 2 (1987), 173 – 190; Jim Kemeny, *The Myth of Home Ownership: Private versus Public Choices in Housing Tenure* (London: Routledge and Kegan Paul, 1981); Matthew Edel, Elliott D. Sclar, and Daniel Luria, *Shaky Palaces: Homeownership and Social Mobility in Boston's Suburbanization* (New York: Columbia University Press, 1986).

20　引自 Andro Linklater, *Owning the Earth: The Transforming History of Land Ownership* (London: Bloomsbury, 2013), 235。

21　Homer Hoyt, *According to Hoyt: Fifty Years of Homer Hoyt* (Washington, DC: Homer Hoyt Associates, 1966), 156.

22　恩格斯在《住房问题》(*The Housing Question*)一书中,主要批评中产阶级改良者,这就是原因之一,因为他们认为能够通过私人自有房解决住房问题。

23　Kemeny, *The Myth of Home Ownership*; Matthew Edel, "Home Ownership and Working Class Unity," *International Journal of Urban and Regional Research* 6. 2 (1982), 205 – 222; Peter Saunders,

"Domestic Property and Social Class," *International Journal of Urban and Regional Research* 2.1 – 4(1978), 233 – 251.

24　Iris Marion Young, *Intersecting Voices: Dilemmas of Gender, Political Philosophy, and Policy* (Princeton, NJ: Princeton University Press, 1997), 143.

25　"交叠性"这一概念一般指的是莱斯利·麦卡尔(Leslie McCall)所说的"社会关系和主体形成的多种层面及模式之间的相互关系",即多种社会范畴相互作用,产生显著的压迫体验,尤指父权主义与种族主义之间的交叠。本书援引此概念,以讨论住房压迫与其他范畴之间的交叠。参阅 Leslie McCall, "The Complexity of Intersectionality," *Signs: Journal of Women in Culture and Society* 30.3 (2005), 1771 – 1800; Kimberle Crenshaw, "Mapping the Margins: Intersectionality, Identity Politics, and Violence against Women of Color," *Stanford Law Review* 43.6(1991), 1241 – 1299。

26　参阅 Heidi I. Hartmann, "The Family as the Locus of Gender, Class, and Political Struggle: The Example of Housework," *Signs* 6.3 (1981), 366 – 394。

27　Dolores Hayden, *The Grand Domestic Revolution: A History of Feminist Designs for American Homes, Neighborhoods, and Cities* (Cambridge, MA: MIT Press, 1981), 1.

28　Charlotte Perkins Gilman, *Women and Economics: A Study of the Economic Relation between Men and Women as a Factor in Social Evolution* (Berkeley: University of California Press, 1998[1898]), 13, 14.

29　Griff Tester, "An Intersectional Analysis of Sexual Harassment in Housing," *Gender and Society* 22.3(2008), 349 – 366; Maggie E. Reed, Linda L. Collinsworth, and Louise F. Fitzgerald, "There's No Place Like Home: Sexual Harassment of Low Income Women in Housing," *Psychology, Public Policy and Law* 11.3(2005), 439 – 462.

30　Imogen Tyler, "Chav Mum Chav Scum: Class Disgust in Contemporary Britain," *Feminist Media Studies* 8.1 (2008), 17 – 34; Paul Michael Garrett, "'Sinbin' Solutions: The 'Pioneer' Projects for 'Problem Families' and the Forgetfulness of Social Policy Research," *Critical Social Policy* 27.2(2007), 203 – 230.

31　参阅 Elvin Wyly, C. S. Ponder, Pierson Nettling, Bosco Ho, Sophie Ellen Fung, Zachary Liebowitz, and Dan Hammel, "New Racial Meanings of

Housing in America," *American Quarterly* 64.3(2012), 571 – 604。

32 Samantha Friedman, Hui-shien Tsao, and Cheng Chen, "Housing Tenure and Residential Segregation in Metropolitan America," *Demography* 50.4 (2013), 1477 – 1498; Steven R. Holloway, Richard Wright, and Mark Ellis, "The Racially Fragmented City? Neighborhood Racial Segregation and Diversity Jointly Considered," *Professional Geographer* 64.1(2012), 63 – 82; Ron Johnston, Michael Poulsen, and James Forrest, "And Did the Walls Come Tumbling Down? Ethnic Residential Segregation in Four U.S. Metropolitan Areas 1980 – 2000," *Urban Geography* 24.7(2003), 560 – 581; Camille Zubrinsky Charles, "The Dynamics of Racial Residential Segregation," *Annual Review of Sociology* 29(2003), 167 – 207; Lincoln Quillian, "Why Is Black-White Residential Segregation So Persistent? Evidence on Three Theories from Migration Data," *Social Science Research* 31.2(2002), 197 – 229.

33 Keith Ihlanfeldt and Tom Mayock, "Price Discrimination in the Housing Market," *Journal of Urban Economics* 66.2(2009), 125 – 140; Elvin K. Wyly and Daniel J. Hammel, "Gentrification, Segregation, and Discrimination in the American Urban System," *Environment and Planning A* 36 (2004), 1215 – 1241; Caitlin Knowles Myers, "Discrimination and Neighborhood Effects: Understanding Racial Differentials in US Housing Prices," *Journal of Urban Economics* 56.2 (2004), 279 – 302; David R. Harris, "'Property Values Drop When Blacks Move in, Because …': Racial and Socioeconomic Determinants of Neighborhood Desirability," *American Sociological Review* 64.3(1999), 461 – 479.

34 Ofelia O. Cuevas, "Welcome to My Cell: Housing and Race in the Mirror of American Democracy," *American Quarterly* 64.3(2012), 610.

35 American Civil Liberties Union, *War Comes Home: The Excessive Militarization of American Policing* (New York: ACLU, 2014) 35 – 36.

36 Saara Greene, Lori Chambers, Khatundi Masinde, and Doris O'Brien-Teengs, "A House Is Not a Home: The Housing Experiences of African and Caribbean Mothers Living with HIV," *Housing Studies* 28.1 (2013), 121.

37 参阅 Jeff Weintraub and Krishan Kumar, eds, *Public and Private in*

Thought and Practice: Perspectives on a Grand Dichotomy (Chicago: The University of Chicago Press, 1997)。

38　Frederick［原文如此］Engels, *The Housing Question*, ed. C. P. Dutt (London: Laurence and Wishart, 1936［1872］) 73.

39　参阅任意有关公共与私有的差别的女权主义作品,例如 Carol Pateman, "Feminist Critiques of the Public/Private Dichotomy," pp.281‑303 in S. I. Benn and G. F. Gaus, *Public and Private in Social Life* (New York: St. Martin's Press, 1983)。

40　Ira Katznelson 深入讨论过区分工作场所和生活场所带来的政治及社会后果,参阅其经典作品 *City Trenches: Urban Politics and the Patterning of Class in the United States* (Chicago: The University of Chicago Press, 1981)。

41　参阅 Joseph Melling, "The Glasgow Rent Strike and Clydeside Labour: Some Problems of Interpretation," *Scottish Labour History Society Journal* 13(1979), 39‑44; Manuel Castells, *The City and the Grassroots: A Cross-cultural Theory of Urban Social Movements* (Berkeley: University of California Press, 1983), 27‑37。

42　根据 Castells, *The City and the Grassroots*, 28,1911 年,即集体抗租前几年,"在城市危机时,11％的格拉斯哥存量房因为投机而无人居住"。而且, "房东和以收租为生的人靠着过度拥挤的现存住房获得了更多的利益……而非靠着建造收益时间长、收益不稳定的新住房"。

43　同上,31。

44　关于一个对比的分析,参阅 Andrew Wood and James A. Baer, "Strength in Numbers: Urban Rent Strikes and Political Transformation in the Americas, 1904‑1925," *Journal of Urban History* 32.6 (2006), 862‑884。

45　Sarah Glynn, "East End Immigrants and the Battle for Housing: A Comparative Study of Political Mobilisation in the Jewish and Bengali Communities," *Journal of Historical Geography* 31.3(2005), 529.

46　Michael Karp, "The St. Louis Rent Strike of 1969: Transforming Black Activism and American Low-Income Housing," *Journal of Urban History* 40.4(2014), 657.

47　Rhonda Y. Williams, *The Politics of Public Housing: Black Women's Struggles against Urban Inequality* (New York: Oxford University Press,

2004），176.

48　参阅 Jean-Philippe Dedieu and Aissatou Mbodj-Pouye, "The First Collective
Protest of Black African Migrants in Postcolonial France（1960－1975）：A
Struggle for Housing and Rights," *Ethnic and Racial Studies*。

49　Garth Andrew Myers, "Sticks and Stones：Colonialism and Zanzibari
Housing," *Africa* 67.2(1997), 260.

50　Ben Austen, "The Death and Life of Chicago," *New York Times*, May
29, 2013.

51　David Bornstein, "Foreclosure Is Not an Option," *New York Times*,
December 6, 2010. ESOP 起初是 East Side Organizing Projects 的缩写,现
在它指的是 Empowering and Strengthening Ohio's People。也可参阅
Michael McQuarrie, "ESOP Rises Again," *Shelterfore*, September
2, 2010。

52　Focus E15 是一个收容所的名字,这个组织的创始成员是被赶出收容所的
单身母亲。

53　Max Rameau, *Take Back the Land：Land, Gentrification and the Umoja
Village Shantytown* (Oakland, CA：AK Press, 2012), 41.

54　bell hooks, *Yearning: Race, Gender, and Cultural Politics* (New York：
Routledge, 2015[1990]), 42.

55　同上。

56　实施军事关怀的例子可包括纽约名为"占领桑迪"(Occupy Sandy)的基层救
灾行动;2014 年塞尔维亚和波黑的自发抗洪行动;为加来难民和移民提供
的基层救助。参阅"Militant Care," issue 28 of the *Occupied Times of
London*, especially Manuela Zechner and Bue Rübner Hansen, "Social
Reproduction and Collective Care：A Horizon for Struggles and Practices,"
Occupied Times 28 (2015), 6－7。另参阅 Tom Gann, "A Path through
the Embers：A Militant Caring Infrastructure against Revanchist South
London",刊于其博客 *A Handbook for City Renters*, May 11, 2015,该文
部分运用了 Tom Gann 在 Housing Action Southwark& Lambeth 组织中所
做的工作。参阅 Peter Marcuse, "Spatial Justice：Derivative but Causal of
Social Justice," *Justice Spatiale/Spatial Justice* 1(2009), 2。

57　Lucy Earle, "From Insurgent to Transgressive Citizenship：Housing, Social
Movements and the Politics of Rights in São Paulo," *Journal of Latin
American Studies* 44(2012), 117－118.

58 转引自 Abahlali baseMjondolo, "Statement to the Human Rights Commission," *Occupied Times*, March 9, 2015。参阅 South African Human Rights Commission, "The South African Human Rights Commission Investigative Hearing Report: Access to Housing, Local Governance and Service Delivery," February 23‒25, 2015。

59 参阅 Dolores Hayden, *The Grand Domestic Revolution: A History of Feminist Designs for American Homes, Neighborhoods, and Cities* (Cambridge, MA: MIT Press, 1981)。

60 关于"社会主义建筑师如何创造一个看起来不同的社会"的讨论,参阅 Owen Hatherley, "Imagining the Socialist City," *Jacobin* 15‒16(2014), 95‒101。

61 Stadt Wien, "Municipal Housing in Vienna: History, Facts and Figures" (2013); Peter Marcuse, "A Useful Installment of Socialist Work: Housing in Red Vienna," pp.558‒585 in Bratt, Hartman, and Meyerson, *Critical Perspectives on Housing*. 红色维也纳时期的大部分住房仍然存在,但像全世界的去商品化住房一样,都受到再开发的威胁。参阅 Justin Kadi, "Recommodifying Housing in Formerly 'Red' Vienna?," *Housing, Theory and Society* 32.3(2015), 247‒265。

62 Mark Naison, "From Eviction Resistance to Rent Control: Tenant Activism in the Great Depression," pp.94‒133 in Ronald Lawson with Mark Naison, eds, *The Tenant Movement in New York City, 1904‒1984* (New Brunswick, NJ: Rutgers University Press, 1986), 103.

63 Joshua B. Freeman, "Red New York," *Monthly Review* 54.3(2002), 38.

64 Naison, "From Eviction Resistance to Rent Control," 103.

第四章 住房政策方面的错误认识

1 参阅本书第五章。

2 有关"对体制的质疑"和"对体制的维护"的对比,参阅 Peter Marcuse, "Professional Ethics and Beyond: Values in Planning," *Journal of the American Institute of Planners* 42.3(1976), 264‒274。

3 引自 Michael B. Katz, *In the Shadow of the Poorhouse: A Social History of Welfare in America* (New York: Basic Books, 1996[1986]), 66。

4 Roy Lubove, *The Progressives and the Slums: Tenement House Reform in New York City, 1890‒1917* (Pittsburgh: University of Pittsburgh Press,

1962), 23.

5　类似的暴力事件还有许多。例如,1806 年圣诞节爆发的宗派暴乱。1825 年
　　和 1828 年由码头工人发起的罢工转变成暴力事件,1829 年石匠发起的罢
　　工也是如此。1828 年,纺织工人发起的罢工引发了暴力游行示威以及工业
　　破坏活动。1834 年和 1835 年发生了围绕废除奴隶制的暴动和种族暴力。
　　1837 年,纽约人纷纷走上街头,反对面粉价格上涨。1870 年和 1871 年,新
　　教教徒和天主教徒之间爆发了教派暴力事件,同时警民双方均出现了暴力
　　行为。1886 年,威廉斯堡和布鲁克林的制糖厂工人与警察对抗,并袭击了
　　送货车。1895 年,有轨电车驾驶员发起的罢工转变为与警察之间的对抗行
　　动以及对基础设施的破坏。参阅 Paul A. Gilje, "Riots," pp.1006 - 1008 in
　　Kenneth T. Jackson, ed., *The Encyclopedia of New York City* (New
　　Haven, CT: Yale University Press, 1995), 1007; Sean Wilentz, *Chants
　　Democratic: New York City and the Rise of the American Working Class*,
　　1788 - 1850 (New York: Oxford University Press, 2004[1980]), 169 -
　　170; Linda K. Kerber, "Abolitionists and Amalgamators: The New York
　　City Race Riots of 1834," *New York History* 48.1(1967) 28 - 39; J. T.
　　Headley, *The Great Riots of New York* (New York: E. B. Treat, 1873)。

6　New York Association for the Improvement of the Poor, *The Thirteenth
　　Annual Report* (New York: John F. Trow, 1856), 24.

7　Jacob A. Riis, *How the Other Half Lives: Studies among the Tenements
　　of New York* (New York: Charles Scribner's Sons, 1924[1890]), 2.

8　Robert E. Fogelsong, *Planning the Capitalist City: The Colonial Era to
　　the 1920s* (Princeton, NJ: Princeton University Press, 1986), 77.

9　Lubove, *The Progressives and the Slums*, 43.

10　Lawrence Veiller, "The Housing Problem in American Cities," *Annals of
　　the American Academy of Political and Social Science 25* (1905), 52 - 53.

11　Lubove, *The Progressives and the Slums*, 104; Anthony Jackson, *A Place
　　Called Home: A History of Low-Cost Housing in Manhattan*
　　(Cambridge, MA: MIT Press, 1976), 121.

12　Catherine Bauer, *Modern Housing* (Cambridge, MA: Houghton Mifflin,
　　1934).

13　Lawrence Meir Friedman, *Government and Slum Housing: A Century of
　　Frustration* (Chicago: Rand McNally, 1968), 95.

14　Gail Radford, *Modern Housing in America: Policy Struggles in the New*

Deal Era (Chicago：The University of Chicago Press，1996)，44.

15 参阅 Christopher Klemek，*The Transatlantic Collapse of Urban Renewal：Postwar Urbanism from New York to Berlin* (Chicago：The University of Chicago Press，2011)；Jon C. Teaford，"Urban Renewal and Its Aftermath," *Housing Policy Debate* 11.2(2000)，443 – 465；Jewel Bellush and Murray Hausknecht，eds，*Urban Renewal：People，Politics，and Planning* (Garden City，NY：Doubleday，1976)；James Q. Wilson，ed.，*Urban Renewal：The Record and the Controversy* (Cambridge，MA：MIT Press，1966)。

16 *Wilson，Urban Renewal.*

17 参阅 Alexander von Hoffman，"A Study in Contradictions：The Origins and Legacy of the Housing Act of 1949," *Housing Policy Debate* 11.2(200)，299 – 326。

18 引自 Wilson，*Urban Renewal*，81 – 82.

19 同上，113。

20 Herbert J. Gans，*People，Plans and Policies：Essays on Poverty，Racism，and Other National Urban Problems* (New York：Columbia University Press，1993)，213.

21 该声明引用的数据来自 US Bureau of the Census，*Historical Statistics of the United States：Colonial Times to 1970* (Washington：Government Publishing Office，1975)；US Department of Housing and Urban Development，*Housing in the Seventies* (Washington：Government Publishing Office，1976)；Henry J. Aaron，*Shelter and Subsidies：Who Benefits from Federal Housing Policies?* (Washington：Brookings Institution，1972)。

22 Catherine Bauer Wurster，"The Dreary Deadlock of Public Housing," *Architectural Forum 106*(1957)，140 – 142，219 – 222.

23 Manuel Castells，"Neo-capitalism，Collective Consumption and Urban Contradictions：New Sources of Inequality and New Models of Change," conference paper，Models of Change in Advanced Industrial Societies，Monterosso al Mare (November 1973)，12.

24 税收优惠按照一美元对一美元的标准,减免实际应缴的最后税款。税收优惠比纯粹的减税或免税更有价值,因为它们减少的是实际缴纳的税款,而不是作为计税依据的收入。

25　Peter Dreier, "Federal Housing Subsidies: Who Benefits and Why?," pp.
105 – 138 in Rachel G. Bratt, Michael E. Stone, and Chester Hartman, eds,
A Right to Housing: Foundation for a New Social Agenda (Philadelphia:
Temple University Press, 2006), 120.

26　参阅 Peter Marcuse, "Blog ♯50. Inclusionary Zoning: Good and Bad,"
PMarcuse.wordpress.com, May 15, 2014; Peter Marcuse, "Blog ♯53.
Density, Inclusionary Zoning, Housing Planning: Cautions on de Blasio's
Plan," *PMarcuse.wordpress.com*, July 1, 2014。

27　Mireya Navarrojan, "Long Lines, and Odds, for New York's Subsidized
Housing Lotteries," *New York Times*, January 29, 2015.

28　Filip Stabrowski, "Inclusionary Zoning and Exclusionary Development: The
Politics of 'Affordable Housing' in North Brooklyn," *International
Journal of Urban and Regional Research 3.*

29　Dreier, "Federal Housing Subsidies," 107 – 111.

30　参阅 Reinhold Martin, ed., *Public Housing: A New Conversation* (New
York: Buell Center for the Study of American Architecture, 2009), 13。

第五章　纽约的住房运动

1　Mireya Navarro, "New York City Board Votes to Freeze Regulated Rents
on One-Year Leases," *New York Times*, June 29, 2015.

2　正如很多活动家们指出的那样,事实证明租金冻结并没有覆盖期限为两年
的租约。参阅下文。

3　本章把聚焦点放在纽约。对国家层次运动的思考,参阅 Peter Dreier, "The
Tenant's Movement in the United States," *International Journal of Urban
and Regional Research* 8.2 (1984), 255 – 279。英国方面参阅 Quintin
Bradley, *The Tenants Movement: Resident Involvement*, *Community
Action and the Contentious Politics of Housing* (London: Routledge,
2014)。全球视角的城市运动,参阅 Pierre Hamel, Henri Lustiger-Thaler,
and Margit Mayer, eds, *Urban Movements in a Globalising World*
(London: Routledge, 2003)。

4　Henri Lefebvre, "The Right to the City," pp.63 – 181 in Eleonore Kofman
and Elizabeth Lebas, eds and trans., *Writings on Cities* (Malden, MA:
Blackwell, 1996[1967]), 158.

5　Thomas Skidmore, *The Rights of Man to Property!* (New York:

Alexander Ming Jr., 1829).参阅 Steven J. Ross, "The Culture of Political Economy: Henry George and the American Working Class," *Southern California Quarterly* 65.2(1983), 145 – 166; Edward Pessen, "Thomas Skidmore, Agrarian Reformer in the Early American Labor Movement," *New York History* 35.3(1954), 280 – 296。

6 引自 Allan David Heskin, "The History of Tenants in the United States: Struggle and Ideology," *International Journal of Urban and Regional Research* 5.2(1981), 190。

7 Charles W. McCurdy, *The Anti-Rent Era in New York Politics*, 1839 – 1865 (Chapel Hill, NC: University of North Carolina Press, 2001); Heskin, "The History of Tenants in the United States"; Henry Christman, *Tin Horns and Calico: A Decisive Episode in the Emergence of Democracy* (New York: Holt, 1945).

8 Elizabeth Blackmar, *Manhattan for Rent*, 1785 – 1850 (Ithaca, NY: Cornell University Press, 1989), 247.

9 一系列的城市、州和最终(1903 年)联邦研究提供了令人震惊的情况的数据和描述。比如,雅各布·里斯对下东区的摄影报道,在纽约市卖出了数十万份报纸,并引起了人们对该市贫困租户生活状况的关注。United States Bureau of Labor, *The Housing of the Working People* (Washington, DC: Government Printing Office, 1895); Jacob A. Riis, *How the Other Half Lives: Studies among the Tenements of New York* (New York: C. Scribner's and Sons, 1903); Jacob A. Riis, *The Battle with the Slums* (New York: Macmillan, 1902).

10 Ronald Lawson, "The Rent Strike in New York City, 1904 – 1980: The Evolution of a Social Movement Strategy," *Journal of Urban History* 10.3 (1984), 237.

11 Jenna Weissman Joselit, "The Landlord as Czar: Pre-World War I Tenant Activity," pp. 39 – 50 in Ronald Lawson with Mark Naison, eds, *The Tenant Movement in New York City, 1904 – 1984* (New Brunswick, NJ: Rutgers University Press, 1986), 39.

12 同上。

13 此时下东区被正确地视作租户活动的中心,但是在 1904 年 5 月,抗租行动蔓延到了哈莱姆区。在哈莱姆,窗户上出现了"此房正抗租"(This House Is on Strike)的标语,许多家庭停止了支付租金。参阅"Eighty Families on

Strike for Low Rent," *New York Times*, May 17, 1904; "A Rent War in Harlem," *New York Times*, May 18, 1904。

14 "Anti-high Renters Plan Big Parade," *New York Times*, April 7, 1904.

15 Roberta Gold, *When Tenants Claimed the City: The Struggle for Citizenship in New York City Housing* (Urbana: University of Illinois Press, 2014), 13; Joselit, "The Landlord as Czar," 41. 没有参加抗租运动的人不仅被斥为"工贼"，成功的抗租者在与房东协商时还常常要求驱逐这些"工贼"。

16 "Rent Strike Grows; Landlords Resist," *New York Times*, December 31, 1907.

17 Joselit, "The Landlord as Czar," 46.

18 这场集体抗租并没有试图联络哈莱姆区日益增长的非裔美国人及加勒比美国人社区。一位活动家确实尝试过将居住在哈莱姆地区三栋大楼中的黑人租户组织起来，但是他立即被驱逐了。正如福格尔森指出的，参与集体抗租行动对于非裔租户来说"极其危险"，因为他们不仅承受着经济压力，还面临着严重的暴力威胁。Robert M. Fogelson, *The Great Rents Wars: New York, 1917–1929* (New Haven, CT: Yale University Press, 2013), 83.

19 现在这里是一栋独栋单层公寓。2012 年，这栋公寓处于售卖状态，售价 2 500 万美元。

20 "Organize Revolt against High Rents," *New York Times*, March 30, 1920.

21 同上。

22 保守派杂志 *Harvey's Weekly*, November 1, 1919, 13, "Clarifying Frankness"一文提及了此事，将其作为一个应当警惕的传闻。另参阅 Fogelson, *The Great Rents Wars*, 86。

23 "Need $560,000,000 for Housing Crisis," *New York Times*, June 17, 1920.

24 Fogelson, *The Great Rents Wars*, 88.

25 Jared N. Day, *Urban Castles: Tenement Housing and Landlord Activism in New York City, 1890–1943* (New York: Columbia University Press, 1999), 93–118.

26 David A. Shannon, *The Socialist Party of America: A History* (Chicago: Quadrangle, 1955), 126–150.

27 Joseph A. Spencer, "New York City Tenant Organizations and the Post-

World War I Housing Crisis," pp. 51 – 93 in Lawson and Naison, *The Tenant Movement in New York* City, 88.

28　Richard B. Moore, "Housing and the Negro Masses," pp. 150 – 152 in *Richard B. Moore, Caribbean Militant in Harlem: Collected Writings 1920 – 1972*, ed. W. Burghardt Turner and Joyce Moore Turner (Bloomington: Indiana University Press, 1988[1928]), 150. 另参阅 J. Cameron Tudor, "Richard Benjamin Moore: An Appreciation," *Caribbean Studies* 19.1 – 2 (1979), 169 – 74; Naison, "The Communist Party in Harlem in the Early Depression Years: A Case Study in the Reinterpretation of American Communism," *Radical History Review* 12(1976), 68 – 95。

29　引自 Mark Naison, *Communists in Harlem during the Depression* (Urbana: University of Illinois Press, 1983), 21。

30　"Rent Strikers Defy Police in Protests," *New York Times*, January 30, 1932, 引自 Mark Naison, "From Eviction Resistance to Rent Control: Tenant Activism in the Great Depression," pp. 94 – 133 in Lawson and Naison, *The Tenant Movement in New York City*, 104。

31　Naison, "From Eviction Resistance to Rent Control," 110.

32　Daniel Pearlstein, "Sweeping Six Percent Philanthropy Away: The New Deal in Sunnyside Gardens," *Journal of Planning History* 9.3 (2010), 170 – 182.

33　Naison, "From Eviction Resistance to Rent Control," 119. 诺登因与共产主义者有联系而遭解雇,他最终永久定居于美国境外,并与伦敦的激进和反战圈子有联系。

34　同上,123。另参阅 Joel Schwartz, *The New York Approach: Robert Moses, Urban Liberals, and Redevelopment of the Inner City* (Columbus: Ohio State University Press, 1993), 46 – 48。

35　Gold, *When Tenants Claimed the City*, 19.

36　同上。戴维斯后来被赶出了市政委员会,并因密谋推翻美国政府的罪名被关押,这是由他的共产党员身份引起的。

37　同上,106。

38　关于增长机器的概念,参阅 John R. Logan and Harvey L. Molotch, *Urban Fortunes: The Political Economy of Place*, new ed. (Berkeley, CA: University of California Press, 2007[1987])。

39　Gold, *When Tenants Claimed the City*, 43.

40 Joel Schwartz, "Tenant Power in the Liberal City, 1943 - 1971," pp.134 - 208 in Lawson and Naison, *The Tenant Movement in New York City*, 149.

41 同上,138 - 139。

42 由于《美国大城市的死与生》(New York: 1961, Vintage)取得了成功,雅各布斯成为重要的城市更新反对者。人们认为雅各布斯和摩西进行史诗般的斗争,这一说法支配着我们对城市更新政治的理解,然而正如劳森、戈尔德、施瓦茨等历史学家们所表明的,这种看法将那个复杂时期陈述得过于简单。

43 同上,165 - 172。

44 Peter Dreier, "The Tenant's Movement in the United States," 268.

45 Gold, *When Tenants Claimed the City*, 113 - 145. 关于杰西·格雷和住房社区委员会,参阅 Mandi Isaacs Jackson, "Harlem's Rent Strike and Rat War: Representation, Housing Access and Tenant Resistance in New York, 1958 - 1964," *American Studies* 47. 1 (2006), 53 - 79; Joel Schwartz, "The New York City Rent Strikes of 1963 - 1964," *Social Service Review* 57.4(1983), 545 - 564; Michael Lipsky, *Protest and City Politics: Rent Strikes, Housing and the Power of the Poor* (Chicago: Rand McNally, 1970); "Harlem Slum Fighter Jesse Gray," *New York Times*, December 31, 1963。

46 Samuel Kaplan, "Slum Rent Strike Upheld by Judge," *New York Times*, December 31, 1963. 法官里巴杜(Ribaudo)所做的决定和后来莫里特所做的决定有所不同。里巴杜规定租户们将租金付给法院,房东完成维修后,法院再将租金转交房东;而莫里特允许租户们完全不必付房租。

47 例如 Schwartz, "New York City Rent Strikes"; Frances Fox Piven and Richard A. Cloward, "Rent Strike: Disrupting the System," *New Republic*, December 2, 1967, 11 - 15。

48 Fritz Umbach, *The Last Neighborhood Cops: The Rise and Fall of Community Policing in New York Public Housing* (Piscataway, NJ: Rutgers University Press, 2011), 72; Jackson, "Harlem's Rent Strike and Rat War."

49 Gold, *When Tenants Claimed the City*, 125.

50 Charles Grutzner, "Court Halts Rent for 'Unfit' Slums," *New York Times*, January 9, 1964.

51 Craig Turnbull, "'Please Make No Demonstrations Tomorrow': The

Brooklyn Congress of Racial Equality and Symbolic Protest at the 1964 – 65 World's Fair," *Australasian Journal of American Studies* 17.1(1998), 22 – 41.

52 Junius Griffin,"'Guerrilla War' Urged in Harlem," *New York Times*, July 20, 1964.

53 David K. Shipler, "Poor Families Taking Over Condemned Buildings," *New York Times*, April 24, 1970.

54 Gold, *When Tenants Claimed the City*, 192.

55 Schwartz,"Tenant Power in the Liberal City,"196 – 197.

56 Joshua B. Freeman, *Working Class New York: Life and Labor since World War II* (New York: New Press, 2000), 55 – 71; Kim Moody, *From Welfare State to Real Estate: Regime Change in New York City, 1974 to the Present* (New York: New Press, 2007); David J. Madden, "Urbanism in Pieces: Publics and Power in Urban Development," PhD dissertation, Columbia University (2010), 3 – 8; Robert Fitch, *The Assassination of New York* (New York: Verso, 1973).

57 参阅 Jamie Peck and Adam Tickell, "Neoliberalizing Space," pp.33 – 57 in Neil Brenner and Nik Theodore, eds, *Spaces of Neoliberalism: Urban Restructuring in North America and Western Europe* (Malden, MA: Blackwell, 2002)。

58 Peter Marcuse, "Gentrification, Abandonment and Displacement: Connections, Causes and Policy Responses in New York City," *Journal of Urban and Contemporary Law* 28(1985), 196 – 240.

59 参阅 Tom Angotti, *New York for Sale: Community Planning Confronts Global Real Estate* (Cambridge, MA: MIT Press, 2008), 77; Neil Smith, *The New Urban Frontier: Gentrification and the Revanchist City* (New York: Routledge, 1996), 22 – 24。

60 Frank P. Braconi, "In Re *In Rem*: Innovation and Expediency in New York's Housing Policy," pp.93 – 118 in Michael H. Schill, ed., *Housing and Community Development in New York City: Facing the Future* (Albany, NY: SUNY Press, 1999), 94.

61 Rodrick Wallace and Deborah Wallace, *A Plague on Your Houses: How New York Was Burned Down and National Public Health Crumbled* (New York: Verso, 1998); Rodrick Wallace and Deborah Wallace, "Origins of

Public Health Collapse in New York City: The Dynamics of Planned Shrinkage, Contagious Urban Decay and Social Disintegration," *Bulletin of the New York Academy of Medicine* 66.5(1990), 391 - 434.

62 Nicole Marwell, *Bargaining for Brooklyn: Community Organizations in the Entrepreneurial City* (Chicago: The University of Chicago Press, 2007), 44 - 51; Paul S. Grogan, "Proof Positive: A Community-Based Solution to America's Affordable Housing Crisis," *Stanford Law and Policy Review* 7.2(1996), 159 - 171; Jacqueline Leavitt and Susan Saegert, "The Community-Household: Responding to Housing Abandonment in New York City," *Journal of the American Planning Association* 54.4 (1988), 489 - 500.

63 Braconi, "In Re *In Rem*," 98. 增长的部分原因是 1977 年实施的新法律,该法律使对物诉讼程序更加容易。

64 同上,94。

65 William Sites, *Remaking New York: Primitive Globalization and the Politics of Urban Community* (Minneapolis, MN: University of Minnesota Press, 2003), 69 - 100; Ronald Lawson with Reuben B. Johnson III, "Tenant Responses to the Urban Housing Crisis, 1970 - 1984,"209 - 271 in Lawson and Naison, *The Tenant Movement in New York City*, 239 - 242, 247 - 251.

66 Sites, *Remaking New York*, 110 - 119; Christopher Mele, *Selling the Lower East Side: Culture, Real Estate, and Resistance in New York City* (Minneapolis, MN: University of Minnesota Press, 2000), 258 - 262.

67 即使 1989 年城市宪章修订,通过了名为"197a 计划"的社区发展策略,都未能真正地赋权租户及其他当地人。汤姆·安戈蒂(Tom Angotti)指出,"197a 改革比较温和,没有对纽约市的规划机构做出任何要求"。Angotti, *New York for Sale*, 155.

68 参阅 Clayton Patterson, ed., *Resistance: A Radical Political and Social History of the Lower East Side* (New York: Steven Stories, 2007), 141 - 260; Hans Pruijt, "Is the Institutionalization of Urban Movements Inevitable? A Comparison of the Opportunities for Sustained Squatting in New York City and Amsterdam," *International Journal of Urban and Regional Research* 27.1(2003), 141 - 142; Eric Hirsch and Peter Wood, "Squatting in New York City: Justification and Strategy," *New York*

University Review of Law and Social Change 16(1987 - 1988), 605 - 617。

69 Pruijt, "Is the Institutionalization of Urban Movements Inevitable?," 148.

70 Mark A. Uhlig, "Condominiums Divide Angry Tompkins Square Residents," *New York Times*, August 26, 1988.

71 Michael Wines, "Class Struggle Erupts along Avenue B," *New York Times*, August 10, 1988.

72 Mele, *Selling the Lower East Side*, 263 - 268; Smith, *The New Urban Frontier*, 4 - 6; Robert D. McFadden, "Park Curfew Protest Erupts into a Battle and 38 Are Injured," *New York Times*, August 8, 1988.

73 Victor Bach and Tom Waters, "Making the Rent: Who's at Risk? Rent-Income Stresses and Housing Hardship among Low-Income New Yorkers" (New York: Community Service Society Update Report, 2008); Tom Waters and Victor Bach, "Closing the Door 2007: The Shape of Subsidized Housing Loss in New York City" (New York: Community Service Society Policy Brief, 2007); Kathe Newman and Elvin K. Wyly, "The Right to Stay Put, Revisited: Gentrification and Resistance to Displacement in New York City," *Urban Studies* 43.1 (2006), 23 - 57; Jason Hackworth, "Postrecession Gentrification in New York City," *Urban Affairs Review* 37.6 (2002), 815 - 843; Housing Court Answers, "Eviction Trends," available online at cwtfhc.org; Bruce Lambert, "Higher Stakes in Eviction Battles," *New York Times*, May 8, 2000.

74 Association for Neighborhood and Housing Development, "Real Affordability: An Evaluation of the Bloomberg Housing Program and Recommendations to Strengthen Affordable Housing Policy" (New York: ANHD, 2013).

75 Diane Cardwell, "Mayor Says New York Is Worth the Cost," *New York Times*, January 8, 2003; Chris Smith, "In Conversation: Michael Bloomberg," *New York Magazine*, September 7, 2013.

76 Julian Brash, *Bloomberg's New York: Class and Governance in the Luxury City* (Athens, GA: University of Georgia Press, 2011), 110 - 112.

77 Marianne Maeckelbergh, "Mobilizing to Stay Put: Housing Struggles in New York City," *International Journal of Urban and Regional Research* 36.4 (2012), 655 - 673; Kara Zugman Dellacioppa, *This Bridge Called Zapatismo: Building Alternative Political Cultures in Mexico City, Los*

Angeles, and Beyond (Lanham, MD: Lexington Books, 2009), 152 - 157.

78 Movement for Justice in El Barrio, "International Declaration in Defense of El Barrio," March 2, 2008, available online at Leftturn.org.

79 同上。

80 Christine Haughney, "Tenants Struggle as British Landlord Goes Bust," *New York Times*, December 21, 2009.

81 Michael Gould-Wartofsky, "El Barrio Fights Back against Globalized Gentrification," *Counterpunch*, April 22, 2008.

82 Steven Wishnia, "De Blasio's Housing Plan: Too Little, Too Late?," *Tenant/Inquilino*, May 2014.

83 Real Affordability for All, "A Tale of One Housing Plan: How Bill de Blasio's New York Is Abandoning the Same Low-Income Voters Left Behind during the Bloomberg Years" (New York: Real Affordability for All, 2016); Samuel Stein, "De Blasio's Doomed Housing Plan," *Jacobin* 15 - 16 (2014), 11 - 17.

84 Jan Ransom, "Renters Rat-chet Up Fight," *New York Daily News*, July 2, 2014.

85 New York City Chapter of the Right to the City Alliance, "People without Homes and Homes without People: A Count of Vacant Condos in Select NYC Neighborhoods" (New York: Right to the City Alliance, 2010).

结论　为激进住房权而斗争

1 Committee on Banking and Currency, United States Senate, *Housing Act of 1949: Summary of Provision of the National Housing Act of 1949* (Washington, DC: Government Printing Office, 1949), 1.

2 New York Constitution, Article XVII, § 1.

3 居住权被解读为要求美国政府为无家可归者提供紧急住房。居住权对于无家可归者及其法律倡导者(legal advocates)来说很重要，即使这种权利和为所有人提供高质量甚至体面住房的要求并不相符。参阅 Bradley R. Haywood, "The Right to Shelter as a Fundamental Interest under the New York State Constitution," *Columbia Human Rights Law Review* 34 (2002), 157 - 196; Christine Robitscher Ladd, "A Right to Shelter for the Homeless in New York State," *New York University Law Review* 61 (1986), 272 - 299。

4 United Nations Housing Rights Programme, *Housing Rights Legislation: Review of International and National Legal Instruments*, UN Human Settlement Programme Report No. 1 (Nairobi: Office of the High Commissioner of Human Rights, 2002), 37.

5 Office of the United Nations High Commissioner for Human Rights, and UN HABITAT, "The Right to Adequate Housing," Fact Sheet no. 21 rev. 1 (Geneva: United Nations, n.d.), 11.

6 反对为所有人提供住房的人,大都不愿意顺着他们的推理逻辑得出如下结论:需要用无家可归的威胁来强制实施劳动义务。用保守派法律学者罗伯特·埃里克森(Robert Ellickson)的话来说,"[无条件住房权利的]倡导者没能应对一个社会必须保持工作动力这一基本事实"。Robert C. Ellickson, "The Untenable Case for an Unconditional Right to Shelter," *Harvard Journal of Law and Public Policy* 15.1(1992), 17.

7 Karl Marx, *Capital: A Critique of Political Economy*, vol.1, trans. Ben Fowkes (London: Penguin Books, 1976[1867]), 344.

8 权利的概念显然已经经历了几个世纪的学术与司法辩论,这里就不做回顾了。近期出版的一些批判性史学作品,参阅 Samuel Moyn, *The Last Utopia: Human Rights in History* (Cambridge, MA: Harvard University Belknap Press, 2010); Lynn Hunt, *Inventing Human Rights: A History* (New York: Norton, 2007); Wendy Brown, "'The Most We Can Hope For …': Human Rights and the Politics of Fatalism," *South Atlantic Quarterly* 103.2(2004), 451–463; Duncan M. Kennedy, "The Critique of Rights in Critical Legal Studies," pp.178–229 in Janet E. Halley and Wendy Brown, eds, *Left Legalism/Left Critique* (Durham, NC: Duke University Press, 2002)。

9 Joe Hoover, "The Human Right to Housing and Community Empowerment: Home Occupation, Eviction Defence and Community Land Trusts," *Third World Quarterly* 36.6(2015), 1092–1109; Saki Knafo, "Is Gentrification a Human-Rights Violation?" *The Atlantic*, September 2, 2015; Maria Foscarinis, "Advocating for the Human Right to Housing: Notes from the United States," *New York University Review of Law and Social Change* 30(2006), 448.

10 Chester Hartman, "The Right to Stay Put," pp.120–133 in *Between Eminence and Notoriety: Four Decades of Radical Urban Planning* (New

Brunswick, NJ: Center for Urban and Policy Research, 2002[1984])。

11 Henri Lefebvre, "The Right to the City," pp.63 - 181 in Eleonore Kofman and Elizabeth Lebas, eds and trans., *Writings on Cities* (Malden, MA: Blackwell, 1996[1967])。关于该话题的文献资料极其丰富,可参阅 Neil Brenner, Peter Marcuse, and Margit Mayer, eds, *Cities for People, Not for Profit: Critical Urban Theory and the Right to the City* (New York: Routledge, 2012); Kafui A. Attoh, "What Kind of Right Is the Right to the City?," *Progress in Human Geography* 35.5(2011), 669 - 685; David Harvey, "The Right to the City," *New Left Review* 53(2008), 23 - 40; Don Mitchell, *The Right to the City: Social Justice and the Fight for Public Space* (New York: Guildford Press, 2003); Mark Purcell, "Excavating Lefebvre: The Right to the City and Its Urban Politics of the Inhabitant," *GeoJournal* 58(2002), 99 - 108; Eugene J. McCann, "Space, Citizenship, and the Right to the City: A Brief Overview," *GeoJournal* 58.2(2002), 77 - 79。

12 Lefebvre, "The Right to the City," 158.

13 Raquel Rolnick, "Place, Inhabitance and Citizenship: The Right to Housing and the Right to the City in the Contemporary Urban World," *International Journal of Urban and Regional Research* 14.3(2014), 294.

14 该讨论借鉴了 "Blog ♯ 11. Reforms, Radical Reforms, Transformative Claims," *PMarcuse.wordpress.com*, March 25, 2012。

15 有关改良主义和非改良主义或革命性改革的对比,参阅 André Gorz, *Strategy for Labour: A Radical Proposal*, trans. Martin A. Nicolaus and Victoria Ortiz (Boston: Beacon Press, 1967[1964])。南希·弗雷泽(Nancy Fraser)提出了相似的观点,她将"肯定性救济"(affirmative remedies)和"变革性救济"(transformative remedies)进行区分,"我所说的对不公正的肯定性救济,指的是在不破坏产生不公平结果的基本框架的情况下,纠正社会安排带来的不公平结果的救济方法。相反地,变革性救济指的是通过重构基本的生成框架来精准纠正不公平结果的救济方法"。Nancy Fraser, "From Redistribution to Recognition: Dilemmas of Justice in a 'Post-socialist' Age," *New Left Review* 212 (1995), 82. 另参阅 Susan S. Fainstein, *The Just City* (Ithaca, NY: Cornell University Press, 2010), 23 - 56。

16 Right to the City, "Housing and Land: A Need for Transformative

Demands," *Transformative Demands Working Paper Series No. 1* (New York: Right to the City, n.d.), 4.

17 参阅 Deborah K. Padgett, Leyla Gulcur, and Sam Tsemberis, "Housing First Services for People Who Are Homeless with Co-occurring Serious Mental Illness and Substance Abuse," *Research on Social Work Practice* 16.1(2006), 74 – 83; Sam Tsemberis, Leyla Gulcur, and Maria Nakae, "Housing First, Consumer Choice, and Harm Reduction for Homeless Individuals with a Dual Diagnosis," *American Journal of Public Health* 94.4(2004), 651 – 656。

18 参阅 Eric Single, "Defining Harm Reduction," *Drug and Alcohol Review* 14.3(1995), 287 – 290。

19 参阅 Victoria Stanhope and Kerry Dunn, "The Curious Case of Housing First: The Limits of Evidence Based Policy," *International Journal of Law and Psychiatry* 34(2011), 275. 对于减害活动家们而言,这种充分利用新自由主义矛盾的特殊策略,可以被视为一个共同的策略。参阅 Rachel Faulkner-Gurstein, "Getting out of the Ghetto: Harm Reduction, Drug User Health and the Transformation of Social Policy in New York," PhD dissertation, City University of New York Graduate Center, 2015。

20 有关现代公共住房的丰富种类,参阅 Penny Gurstein, Kristin Patten, and Prajna Rao, "The Future of Public Housing: Trends in Public Housing Internationally" (Vancouver, BC: School of Community and Regional Planning, University of British Columbia, 2015); Defend Council Housing, *The Case for Council Housing in 21st Century Britain* (London: Defend Council Housing, 2006)。

21 这是房地产行业总是热衷于攻击公共住房并将其标准保持在尽可能低的水平的原因之一。

22 在写到纽约时,住房研究员维克多·巴赫(Victor Bach)和汤姆·沃特斯(Tom Waters)指出:"对于纽约市市政府和美国政府而言,向私人住房开发领域投入大量资金并不是什么稀奇的事情。例如,仅 2006 年,纽约市政府就在新洋基体育场和大都会体育场建造中投入了 2.54 亿美元,减免了3.25亿美元的税收。现在应当投入数目相当的资金来维修公共住房基础设施了。"Victor Bach and Tom Waters, "Strengthening New York City's Public Housing: Directions for Change" (New York: Community Service Society, 2014), 19.

23 Danny Dorling, "The Right to Sell: Towards a National Housing Service?," conference presentation, Housing Privatisation: 30 Years On, University of Leeds, 2010.

24 Alberto Toscano, "Reforming the Unreformable," pp.182 - 189 in Federico Campagna and Emanuele Campiglio, eds, *What We Are Fighting For: A Radical Collective Manifesto* (London: Pluto Press, 2012), 186.

25 参见社会学家埃里克·奥林·赖特(Erik Olin Wright)近期关于战后资本主义经济的评论:"由社会主义关系主导的经济中,合作社之外的某些类型的个人独资企业或有一席之地。但我不知道不同形式的最佳组合是什么。""Why Class Matters," *Jacobin*, December 23, 2015.

26 这并不是要美化上述国家的私人租赁,只是想指出,更加有保障的住房权利是有可能实现的。Kath Scanlon and Ben Kochan, eds, *Towards a Sustainable Private Rented Sector: Lessons from Other Countries* (London: LSE London, 2011).

27 Josh Harkinson, "Inside the Radical Plan to Fight Foreclosures with Eminent Domain," *Mother Jones*, January 7, 2013.

28 New York City Chapter of the Right to the City Alliance, "People without Homes and Homes without People: A Count of Vacant Condos in Select NYC Neighborhoods" (New York: Right to the City Alliance, 2010).

29 Feargus O'Sullivan, "Paris Wants to Keep Central Neighborhoods From Becoming'Ghettos for the Rich,'"*CityLab*, December 19, 2014.

30 参阅 Peter Marcuse with Richard Clark, "Tenure and the Housing System: The Relationship and the Potential for Change," Working Paper 209 - 8 - 4 (Washington: Urban Institute, 1973)。

31 James DeFilippis, *Unmaking Goliath: Community Control in the Face of Global Capital* (New York: Routledge, 2004), 92.

32 Tom Moore and Kim McKee, "Empowering Local Communities? An International Review of Community Land Trusts," *Housing Studies* 27.2 (2012), 280 - 290; David M. Abramowitz, "An Essay on Community Land Trusts: Towards Permanently Affordable Housing," *Mississippi Law Journal* 61(1991), 663 - 682.

33 Dorit Fromm, "American Cohousing: The First Five Years," *Journal of Architectural and Planning Research* 17.2(2000), 94 - 109.

34 "Pioneering Strawbale Housing Project Is a Lesson in Living," *Yorkshire*

Post，April 4，2015.

35 Alessandro Coppola and Alberto Vanolo，"Normalising Autonomous Spaces：Ongoing Transformations in Christiania, Copenhagen," *Urban Studies* 52.6(2015)，1152‐1168.

36 Kate Connolly, "LGBT Housing Project Unites Generations out in Berlin," *The Guardian*, October 28, 2012.

37 参阅 Melissa Fernández Arrigoitia and Kathleen Scanlon，"Co-designing Senior Co-housing," *Urban Design* 136(2015)，28‐30。

38 参阅 Quintin Bradley, *The Tenants' Movement: Resident Involvement, Community Action and the Contentious Politics of Housing* (New York：Routledge, 2014)；DeFilippis, *Unmaking Goliath*，87‐112。

39 Peter Marcuse 引述为"民间俗语"，参阅"Tenant Participation—For What?," Working Paper 112‐20 (Washington, DC：Urban Institute, 1970)，1。

40 Mark Purcell, "Urban Democracy and the Local Trap," *Urban Studies* 43.11(2006)，1921‐1941.

41 关于住房社会运动及各运动共同点的想法，参阅 Stuart Hodkinson, "The Return of the Housing Question," *ephemera* 12.4(2012)，423‐444。

42 参阅 Peter Marcuse, "The Pitfalls of Specialism：Special Groups and the General Problem of Housing," pp.67‐82 in Sara Rosenberry and Chester Hartman, eds, *Housing Issues in the 1990s* (Westport, CT：Praeger, 1989)。

43 Peter Marcuse, "From Critical Urban Theory to the Right to the City," *CITY: Analysis of Urban Trends，Culture，Theory，Policy，Action* 13.2 (2009)，186.

44 Donata Secondo and Josh Lerner, "Participatory Budgeting Takes Root in New York City," *Social Policy* 41(2011)，22‐25；Gianpaolo Baiocchi, *Militants and Citizens: The Politics of Participatory Democracy in Porto Alegre* (Palo Alto, CA：Standford University Press, 2005)；Yves Cabannes, "Participatory Budgeting：A Significant Contribution to Participatory Democracy," *Environment and Urbanization* 16.1(2004)，27‐46；Celina Souza, "Participatory Budgeting in Brazilian Cities：Limits and Possibilities in Building Democratic Institutions," *Environment and Urbanization* 13.1(2001)，159‐184.

45 关于可行性评估如何用于规避在英国提供非市场利率住房的要求，可参阅 Oliver Wainright, "Revealed: How Developers Exploit Flawed Planning System to Minimise Affordable Housing," *The Guardian*, June 25, 2015。

46 参阅 David J. Madden, "There Is a Politics of Urban Knowledge Because Urban Knowledge Is Political: A Rejoinder to 'Debating Urban Studies in 23 Steps,'" *CITY: Analysis of Urban Trends, Culture, Theory, Policy, Action* 19.2 - 3(2015): 297 - 302。

47 Emily Badger, "A Disturbing Animation of 15 Years of Evictions in San Francisco," *CityLab*, October 16, 2013. 参阅 antieviction.com。

48 有关这类活动中的"先锋主义"，参阅 Lily M. Hoffman, *The Politics of Knowledge: Activist Movements in Medicine and Planning* (Albany, NY: SUNY Press, 1989), 147 - 180。

49 参阅 Peter Marcuse, "Blog # 60. Toward a Housing Strategy for New York," *PMarcuse.wordpress.com*, December 17, 2014。

50 Arjun Appadurai, "Deep Democracy: Urban Governmentality and the Horizon of Politics," *Environment and Urbanization* 13.2(2001), 23 - 43.

致　谢

我们要感谢沃索（Verso）团队帮助我们出版这本书，特别是利奥·霍利斯（Leo Hollis），他的建议和持续的鼓励帮助我们使文本更加清晰易读。我们衷心感谢许多同事和朋友的支持，他们通过深度阅读或富有见解的对话帮助我们改进了本书。我们感谢尼尔·博任纳（Neil Brenner）给予我们的意见和鼓励。珍妮·罗宾逊（Jenny Robinson）就这个项目的早期版本提供了有用的反馈。米歇尔·罗萨莱斯（Michelle Rosales）在我们合作的早期就提供了研究协助。我们感谢黛丝丽·菲尔兹（Desiree Fields）、汤姆·沃特斯（Tom Waters）和2015年柏林住房问题研究院（Wohnungsfrage Academy）的参与者阅读和讨论这些章节的不同版本。我们要感谢所有帮助我们提出这些论点的朋友、同事、学生和活动家们，尤其是那些参与纽约住房和租金管制运动的人们，其中包括规划者网络，全国律师协会（National Lawyers Guild），以及"描绘无家可归"（Picture the Homeless）、社区之声、种族和经济平等家庭联盟（Families United for Racial and Economic Equality，FUREE）等关于公共住房租户的不同组织，诸如此类的组织太多，这儿就不一一列举了。

本书部分内容涵盖了彼得·马库塞先前出版过的一些内容。第二章引用了《社会学和社会福利》（*Journal of Sociology and Social Welfare*，1975）中《住房异化、住房所有权及住房政策之局限》（Residential Alienation，Home Ownership and the Limits of the Shelter Policy）的内容。第三章内容包括了《斯堪的纳维亚住房和规划研究》（*Scandinavian Housing and Planning Research*，1987）中的《住房的另一面：压迫与自由》（The Other Side of Housing：Oppression and Liberation）部分内容。第四章是对雷切尔·G. 布拉特（Rachel G. Bratt）、切斯特·哈特曼（Chester Hartman）和安·迈耶森（Ann Meyerson）主编《住房的批判视角》（*Critical Perspectives on Housing*，1986）中《住房政策与关于仁慈政府的错误认识》（Housing Policy and the Myth of the Benevolent State）的改写修订。第五章包含了 1999 年出版的《住房、理论与社会》（*Housing，Theory and Society*，1999）中《美国住房运动》（Housing Movements in the USA）的部分内容。

最后，彼得想感谢他的妻子，本书的创作前后跨越了 25 年，但他的妻子在长达两倍的时间里给予了他爱、关怀和包容。同时，他想感谢曾共同合作过的诸位同事、活动家和各活动组织，书中大部分的内容都是从他们身上学到的。戴维想感谢他的同事和朋友，感谢他们的关心与鼓励，感谢他伦敦政治经济学院的同事们的支持，尤其是苏西·霍尔（Suzi Hall）和弗兰·通金斯（Fran Tonkiss）。写作和编辑过程中，艾曼纽·马登（Emmanuelle Madden）尽心尽力陪伴着他，帮他放松。戴维最想感谢的是雷切尔·福克纳·格斯汀（Rachel Faulkner-Gurstein），感谢她慷慨的帮助和支持。

索　引

（索引中的页码为原版书页码，即本书页边码）

communism, 96

Communist Party USA, 159, 163 – 164, 167 – 168

Community Council on Housing, 168 – 169

community land trust, 209

community values, 44

consumerism:
  and alienation, 82 – 83
  consumer society, 23 – 24
  and homeownership, 96 – 97

cooperative housing, 115 – 116, 209
  and luxury buildings, 116 – 117

Copenhagen, 210

CORE, 171

crisis:
  idea of, 9 – 10
  See also housing crisis

Cuevas, Ofelia O., 102

Davis, Benjamin, 163

Dawnay Day (financial company), 182 – 3

de Blasio, Bill, 137, 184

debt, 25, 27, 62, 78, 81, 141, 162

decommodification, 43, 52, 201 – 203

deindustrialization, 173

democratization, 211 – 212
  and policy, 213 – 216

demolition *See* domicide

deregulation, 46 – 50
  action against, 203
  and house prices, 40

and hyper-commodification, 28 – 31

and mortgage, 28

and privatization, 30

and public housing, 46

and rent control, 30, 46, 49

and state, 31

and tenants, 47, 50

developers:
  and profit, 48
  urban, 8

dignity:
  and home, 113
  and housing, 74

disability, 100

disalienation, 83

displacement, 3, 50, 182
  measure against, 208
  and slum clearance, 166
  and urban renewal, 130, 133
  See also eviction; homelessness

domicide, 92 – 94

Dorling, Danny, 205

Draft Riots of 1863 (NY), 122 – 124

Dubai, 90

efficiency, 48 – 49
  and reform, 199 – 200

elites:
  conflicts between, 120
  and dignity of housing, 74
  fear disease of poor, 121 – 122
  fear of unrest, 123
  and home, 54

and market, 49

and myth of benevolent state, 140

politicization of, 110 – 111

and profit, 17 – 18

and real estate, 179

and right to housing, 193

solution to, 52

and transformative demands, 200

understanding of, 4

urban renewal fails to address, 134

See also commodification of housing; deregulation; hyper-commodification

Housing First, 202

housing market *See* market

housing movements *See* movements

housing policy *See* policy

housing regulation *See* regulation

Hoyt, Homer, 96

humane housing, 80 – 83, 114

and humanization, 111

Husock, Howard, 46

Hylan, John, 158

hyper-commodification, 26 – 35

and deregulation, 28 – 31

and exploitation of tenants, 41 – 42

and financialization, 31 – 34

and luxury buildings, 36 – 39

and oppression, 94

as solution, 46

understanding of, 56

and wealthy, 39

See also commodification of housing

I Wor Kuen, 171

illegal apartments, 71 – 72

illness, and poverty, 121 – 122

immigration:

and citizenship, 103 – 104

migrant workers, 108

in rem ownership (NY), 175 – 176

inclusionary zoning, 137 – 138

income *See* jobs; wages

individualism, 98

industrialization:

and capitalism, 23

deindustrialization, 173

industry, wartime, 128

inequality, 27

and affordable housing, 216

and alienation, 59

and elites, 214

and gentrification, 178 – 179

and homeownership, 79, 81

and landownership, 151

and luxury buildings, 180

and movements, 172

and New York, 183, 187

and private property, 81

and profit, 52

and racism, 102

and right to housing, 194

and state, 143 – 144, 218

and transformative demands, 199 – 200

and urban renewal, 134

inhabitant, 7, 146 – 147

privileging of, 207 – 208

Madison Capital, 42

Madison, James, 74

Mandel, Ernest, 83

Marcantonio, Vito, 163

market:

  and alienation, 58

  business and slums, 130 – 133

  consumer society, 23 – 24

  Great Depression, 1, 24, 97, 128, 160 – 162

  growth, 87

  and housing crisis, 49

  inefficiency of, 48

  and miserable living conditions, 51

  primitive accumulation, 19

  self-adjusting, 50 – 51

  and state, 46 – 47

  See also capitalism; financialization; financing; free market; jobs; neoliberalism; profit

Marx, Karl:

  on alienation, 57, 80

  Karl Marx Hof (housing), 114, 116

  "primitive accumulation," 19

McCall, Leslie, 98*n*

mega-events/projects, 63, 183

Metropolitan Council on Housing, 167 – 168, 170

migrant workers, 108

migration, 19

Moore, Richard B., 160 – 161

Moritt, Fred, 170

mortgage:

  birth of, 24

  and deregulation, 28

  as economic burden, 97

  and financialization, 32

  and profit, 32

  and state, 25

  strikes, 109

  and suburbanization, 134

  and wealthy, 141

Moses, Robert, 165, 167

Movement for Justice in El Barrio (MJB), 181 – 183

movements, 111 – 117, 146 – 150

  Alliance of Housing Movements, 112

  anti-rent movement, 152

  cooperative housing, 115 – 116

  globalize, 216 – 217

  Harlem Tenants League, 158, 160 –162, 168

  and homeownership, 149

  and inequality, 172

  and insurrection, 171

  and land, 150 – 151

  municipal housing, 114 – 115

  and neoliberalism, 172 – 187

  and New York, 147 – 150

  and oppression, 212 – 213

  and policy, 120

  postwar, 165 – 172

  and racism, 150, 170, 213

  radical right to housing, 196 – 198

  Red Vienna housing estates, 114 – 115, 203 – 204

tenant movement, 153 - 164

Tenant Protection Unit, 16

Tompkins Square Riot of 1988,
178 - 179

Tompkins Square Riot of 1874,
122

New York City Department of Housing
Preservation and Development,
175

New York City Housing Authority
(NYCHA), 85, 165, 175
and eviction, 165

NINA (no income, no assets), 28

NINJA (no income, no job, no
assets), 29

nonprofit land trust, 209

Norden, Heinz, 162

Obama, Barack, 74, 96

obedience:
and homeownership, 95 - 98, 125
and housing, 94
and public housing, 129 - 130

Occupy Our Homes, 183

Occupy Wall Street, 183

Olympics, 63 - 64

One57 (luxury tower), 15, 38 - 39

ontological security, 68 - 69, 72, 74
and racism, 102

oppression, 88
and domicide, 93
housing vs. workplace, 104
and liberation, 118
and movements, 212 - 213

and real estate, 94

resistance to, 104

See also alienation; displacement;
eviction; gender; racism; seg-
regation overcrowding, 54

ownership *See* homeownership

Palestine, 93

Panken, Jacob, 157 - 158

Paris:
anti-displacement measure in, 208
banlieues, 92
and Haussmann, 91

paternalism, 128 - 129

patriotism, 129

Percy, Charles, 75 - 76

Pierce, Melusina Fay, 113

Piven, Frances Fox, 170

Planners Network, 216

Platforma de Afectados por la
Hipoteca, 110

Polanyi, Karl, 19, 50
The Great Transformation, 50

police, 43, 69, 77, 92, 100 - 102,
123*n*, 159, 162, 171, 178 -
179

policy:
beginning of, 121
Commissioner's Plan for New
York, of 1811, 121
and democratization, 213 - 216
deregulation, 28 - 31
Emergency Rent Laws, 159 - 160
failure of, 140, 165

private equity, 33
private property:
  and alienation, 56, 83
  and homeownership, 79 – 80
  and inequality, 81
privatization:
  action against, 203
  of commons, 18
  and deregulation, 30
  and housing, 31
  and individualism, 98
  and neoliberalism, 173
  and policy, 135
  and public housing, 30, 41
privilege, freedom of housing as, 74
profit:
  and developers, 48
  and home, 49
  and housing, 51, 59
  and housing crisis, 17 – 18
  and hyper-commodification, 42
  and inequality, 52
  and luxury buildings, 37
  and mortgage, 32
  nonprofit land trust, 209
  and policy, 120
  and public funds, 130, 132, 134 –
    141, 204
  real estate better than industry,
    27 – 28
  and state, 120
  See also commodification; market
proletariat, 22
property rights, 47

protest See movements; political strug-
  gle; riots; tenant movement
public assistance, 41 – 42
public funds:
  alternatives are not a replacement
    for, 210 – 211
  and democratization, 214
  private profit, 130, 132, 134 –
    141, 204
public housing, 126 – 130
  alternatives are not a replacement
    for, 210 – 211
  beginning of, 126 – 129
  build one, demolish one, 130
  as conflict resolution, 85
  and deregulation, 46
  disappearance of, 40 – 41, 172,
    185
  expansion of, 129, 203 – 206
  funding for, 204 – 205
  and gentrification, 43
  and luxury buildings, 186
  in New York, 53, 126, 164
  not for housing, 134
  and obedience, 129 – 130
  and policy, 127 – 128
  and private enterprise, 130
  and privatization, 30, 41
  and recklessness, 125
  and residential struggle, 107
  Section 8, 136
  and stigmatization, 73
  and subversion, 166
  and tenant movement, 165 – 170

exploitation of, 41 – 42

harassment of, 43

and homeownership, 79 – 80

rent strike, 106 – 109, 111, 116

security for, 207

See also apartments; labor camps; tenant movement; tenants

repossession, 62

residential struggle, 105 – 111

democratization, 211 – 212

See also movements; political struggle

revolution, and slums, 85

right to housing, 139, 192 – 195, 217

ambiguity of, 194

radical, 196 – 198, 201, 218

and status quo, 195

Right to the City Alliance, 185, 196, 201, 208, 215

Right to the City Coalition, 185 – 186

Riis, Jacob, 124, 126, 153

riots:

in New York, 122 – 124, 178 – 179

policy to prevent, 122

and urban renewal, 92

roads, 134, 142

Rolnick, Raquel, 198

Rose, Daniel, 34

safety *See* insecurity

San Francisco, 34, 62, 215

Schwartz, Joel, 172

Section 8, 136

security *See* insecurity; ontological security

segregation:

and slums, 23

and urban renewal, 134

sexual harassment, 100

Shack Dwellers, 112

Skidmore, Thomas, 151

slum clearance, 130 – 134, 191

and business interests, 130 – 133

and displacement, 166

and tenant movement, 166 – 167

slums:

and revolution, 85

and segregation, 23

Smith, Neil, 43

social change, 9

social disaster, 23

social housing, 23

social movements *See* movements; political struggle

social need, 48

social violence, 60

socialism:

and movements, 156, 158

and municipal housing, 115 – 116

national housing systems, 25

Red Scare, 159

squatting, 171, 177 – 178, 180

reduction of, 186

Stanley, Bill, 167

Stanley-Jones, Aiyana, 102

state:

and commodification, 26, 50

and deregulation, 31

图书在版编目（CIP）数据

保卫住房：危机的政治学 / (英) 戴维·马登(David Madden)，(美)
彼得·马库塞 (Peter Marcuse)著；李玉婷，韩筱，周明明译. — 上海：
上海教育出版社，2022.7
ISBN 978-7-5720-1503-8

Ⅰ.①保… Ⅱ.①戴… ②彼… ③李… ④韩… ⑤周… Ⅲ.①住房政
策 - 研究 - 英国 Ⅳ.①F299.561.31

中国版本图书馆CIP数据核字(2022)第102749号

上海市版权局著作权合同登记号：图字09-2017-1059号
IN DEFENSE OF HOUSING: THE POLITICS OF CRISIS
First published by Verso 2016
©David Madden and Peter Marcuse, 2016
Simplified Chinese Translation edition copyright:
2022 Shanghai Educational Publishing House Co., Ltd.
All Rights Reserved.

责任编辑　林凡凡
封面设计　夏艺堂设计

保卫住房：危机的政治学
BAOWEI ZHUFANG: WEIJI DE ZHENGZHIXUE
[英] 戴维·马登　[美] 彼得·马库塞　著
周明明　韩筱　李玉婷　译

出版发行　上海教育出版社有限公司
官　　网　www.seph.com.cn
地　　址　上海市闵行区号景路159弄C座
邮　　编　201101
印　　刷　上海昌鑫龙印务有限公司
开　　本　890×1240　1/32　印张 6.75
字　　数　152 千字
版　　次　2022年8月第1版
印　　次　2022年8月第1次印刷
书　　号　ISBN 978-7-5720-1503-8/D·0014
定　　价　49.00 元

如发现质量问题，读者可向本社调换　电话：021-64373213